SHODENSHA
SHINSHO

わが子を医学部に入れる

小林公夫

JN153041

祥伝社新書

はじめに

　私は、医学部受験予備校を17年間主宰《しゅさい》していました。今から10年ほど前のことです。その後、治療行為の研究をするため、受験指導から一時離れましたが、一昨年より、再《ふたた》び医学部受験生を教えることになりました。

　現場に戻って驚いたのは、受験生の様相《ようそう》がまるで変わってしまったことです。数年前まで、医学部受験予備校に通う受験生は、開業医の子どもたちが主流で、次《つ》いで勤務医の子どもたち、そして会社経営者の子どもたちが少々といった割合でした。言うならば、生活に何不自由のない子どもたちが、予備校の学費も、医学部に通う6年間の学費も気にせずに学んでいました。

　ところが、この様相が近年一変《いっぺん》します。私は複数の予備校で教えているのですが、講義の合間《あいま》に、受験生から次のような相談を受けるのです。

「親が普通の会社員なので、私大の医学部に行くには奨学金を申請しなければなりません。いい奨学金制度を教えてくれませんか？」

「私大医学部の受験料は1校6万円かかります。10校受験すると60万円です。3校減らして20万円くらい浮かしたいのですが、志望校はどこを削《けず》るべきでしょうか?」

「姉がすでに国立大医学部に進学しており、家計負担が厳しい。学費の安い順天堂大なら行けそうだが、合格は難しい。どうしたらいいでしょうか?」

「ほぼ全額、奨学金に頼らないと医学部に進めません。東北医科薬科大(二〇一六年四月の医学部新設にともない、東北薬科大より校名変更)に新入生30人に3000万円貸与する制度があり、条件を満《み》たせば、返済が免除されるそうです。どうしてもここに入りたいのですが、どれくらいの偏差値なら合格できますか?」


これらの質問は、かつて想像すらできませんでした。受験生との会話のなかで、学費などお金の話が出てくることはいっさいなかったのです。女性受験生の急増も含め、それだけ、受験生の裾野《すその》が急速に広がっているのです。

「週刊東洋経済」二〇一五年三月二十一日号によれば、国公立・私立を合わせた全国80大学の医学部の延《の》べ志願者数は、二〇〇七年度の12万8000人から二〇一四年度は16万9000人に増加しています。

国公立大学は、大学入試センター試験での予備選抜があるため横這《よこば》いですが、私立大学は二〇〇七年度と比較すると約55％も志願者数を伸ばしています。この数値は、医学部受験がますます難度を増している証拠にほかなりません。

私から見ると、新たに参入してきた主に一般家庭の子どもたちは、きわめてよくできます。つまり、裾野を広げ、難度を押し上げているのは一般家庭の子どもたちなのです。総じて彼・彼女たちは学力が高く、必然的に従来なら合格していたレベルの受験生が玉突《たまつ》き衝突《しょうとつ》ではじかれ、多浪の受験生が増加しています。

このような現況において、本書は、将来子どもに医学部に入学してほしいと考える親御《おやご》さん、現在医学部を目指している学生・社会人のために、最新情報をふんだんに盛り込み、書き下ろしたものです。

第1章では変貌著《へんぼういちじる》しい医学部受験の現状を、第2章では外部からなかなか知ることができない医学部と医師の世界について記しています。サラリーマン家庭で医学部に進学するための方策を探るとともに、昨今の女性の医療界進出に鑑《かんが》み、実際に2人の女性医師に取材・リポートしています。

第3章・第4章では、私が得意とする、実際の医学部入試の傾向と対策について分析を試《こころ》みています。最後の第5章では、これからの医療および医師の世界がどのような方向に進むのかを私なりに考え、記しました。

厳しい競争と自分に負けることなく、どうか医学部合格の夢を実現してほしい——。何よりも、本書がその一助となれば幸《さいわ》いです。取材に際し、お世話になった受験生、医療関係者、予備校関係者、大学関係者の方々に深く御礼を申し上げたいと思います。

二〇一五年十二月

小林《こばやし》 公夫《きみお》

目次

第2章 外部からはわからない 医学部と医師の世界

第3章

どうすれば医学部に入れるか？

第4章 プロが分析！　医学部入試の傾向と対策

第5章 これからどう変わる？ 今後の医師と医療界

図表作成 篠 宏行

第1章

大きく変わった 医学部受験

過熱する医学部入試

「はじめに」でも触れましたが、現在、医学部志願者が急増しています。10年前の受験者は多い大学でも1700人程度でしたが、二〇一四年の聖マリアンナ医科大の志願者は3500人を超えています。同大の場合、受験者3503人に対して募集人員は115人。そのうち15人は推薦入学ですから、一般入試の定員は100人であり、倍率は実に35倍になります。

医歯薬専門予備校メルリックス学院の田尻友久《たじりともひさ》学院長によれば、「私立大学医学部の一般入試志願者数は、二〇一〇年に7万5000人だったのが、二〇一四年は10万人を超えました。倍率は、東海大医学部が33倍、帝京大医学部が34倍。ちなみに近畿大医学部の後期試験は237倍にもなりました」。

いっぽうの国公立大学医学部（以下、国公立医学部）の倍率は、私立大学医学部（以下、私立医学部）ほど高くはなく、2〜3倍です。

ご存じのように、国公立大学は一次試験として大学入試センター試験（以下、センター試験）で5教科7科目（国語、地理歴史・公民1科目、数学2科目、理科2科目、外国語1科目）を受験する必要があります。医学部を目指す理系の受験生も、国語や社会に関して一定レベル以上の学力が要求されます。これが大きな負担となっており、はじめからあきらめる受験生も相当います。その結果、倍率は低くとどまっているので、国公立と私立の倍率を比べることはあまり意味がありません。

では、なぜ医学部受験がこれほどまでに過熱しているのでしょうか？　その最《さい》たる理由は、医学部受験を取り巻く経済状況の変化です。

第一に、私立医学部が学費をかなり値下げしました。少子化が進むなか、大学側には学費を値下げすることで、優秀な学生を確保しようという狙《ねら》いがあるようです。奨学金や貸し付けなどの制度も充実させています。

一例を挙げれば、東京医科大は一般入試の成績上位35人、センター試験利用入試の同15人に、初年度の授業料と教育充実費の合計500万円を免除しています。また、帝京大医学部はクレジット会社ジャックスと提携し、最高2000万円まで貸し付ける制度を設けています。大学が間《あいだ》に入ることで金利を低く抑《おさ》えているのです。

第二に、二〇一三年四月にスタートした「子や孫への教育資金の一括贈与制度」の影響です。

この制度は、子や孫へ教育資金を贈与する場合、１５００万円までなら非課税となるというもので、相続税の節税対策として人気を集めています。子や孫と言っても、実際は孫への贈与が大半のようで、両親の経済力が足《た》らなくても、祖父母が同制度を利用して、孫の学費をまかなえるよう援助しているわけです。

この二つの経済状況の変化により、今や年収６００万円の一般家庭からでも、私立医学部を目指せるようになり、医学部受験はこれまでになくヒートアップしているのです。

東大神話の崩壊

このように、医学部入学の経済的なハードルが大幅に下がったわけですが、それにしても、なぜそれほどまでに多くの受験生が医学部を志望するのでしょうか？

進路に関しては、理系ならば歯学部、薬学部、理学部、工学部などがあり、文系ならば法学部、経済学部、文学部、教育学部など、さまざまな選択肢があります。医学部を目指せるほどの頭脳があれば、官僚、法曹、大企業の役員など、将来の職業をもっと幅広く考えてもいいように思えます。

すこし前までは、成績上位層はさまざまな学部に進みましたが、今は医学部に偏《かたよ》っています。これはリーマン・ショック以降の不況と関係がありそうです。言うならば「手に職をつけ、一生食いっぱぐれのないように」との意識が強まり、親も子どもにそう助言するようになりました。そのひとつの道として、資格職業の最高峰である医師を目指し始めたと私は推測しています。

意外なことに、日本では、資産家や大企業の役員クラスでも、子どもを医学部に行かせる傾向があります。私が教える予備校でも、医師家庭ではない子どもが増加傾向にあります。

それだけ、日本の社会は将来の展望が見えないということなのかもしれません。三洋電機が消え、ソニーが大リストラをする時代です。今後、急激な変動が起きれば、次は自分の会社かもしれない。しかし、医師ならば食いっぱぐれがないだろう。そう考えても不思議ではないでしょう。

資格職業としては、以前は、弁護士に代表される法曹界も人気でした。しかし、法科大学院に代表される司法試験改革によって合格者数を増やしたものの、法曹に対する需要は伸びず、今や若手弁護士は就職難に陥《おちい》っています。また、就職できたとしても、年収が低いケースもあるようです。法曹を目指そうという若者は、減り続けています。

多くの人材を輩出してきた最高学府・東京大（以下、東大）法学部の人気にも陰《かげ》りが見えます。東大では三年次から法学部、経済学部、工学部など、専門課程に分かれますが、二〇一二年、法学部への進学希望者がはじめて定員割れしました。さらに、二〇一三年度の大学入試では、法学部進学を前提とする文科一類（文一）の倍率が3倍を切り、実に13年ぶりにセンター試験での〝振《ふ》るい落とし〟が行なわれませんでした。

明治以降、日本では「東大に入りさえすれば将来は安泰、いい仕事について立派な暮らしができる」という〝東大神話〟がありました。しかし、その神話が崩《くず》れつつあるのです。

先日、法律系出版社の関係者から、次のような話を聞きました。最近、価格が1万円以上する法律辞典やコンメンタール（判例集）の売れ行きが悪いというのです。

これまで国の機関、たとえば検察庁などは、新しい辞典などが出版されるごとに購入してくれたそうです。ところが、最近では法務省の予算が限られているのか、購入を見送るケースがあるそうです。これは弁護士事務所などでも同様のようです。法曹人気の低迷といい、法律に関わる世界が衰退しつつある兆《きざ》しではないでしょうか。

すこし前まで、ドイツや日本では、「医家《いか》と法家《ほうか》が世襲制になっていることは問題である」という論調が見受けられました。しかし、今や日本では、法家を世襲しようとする人たちは目立たなくなりました。そして、これまでなら法学部を目指していた優秀な層が、医学部に参入してきているように思います。

開成高校の進学先の変化

東大神話の崩壊を裏づけるように、有名進学校の卒業生の進学先にも変化が生《しょう》じています。

毎年三月、各紙誌が「大学合格者高校別ランキング」を発表しますが、東大合格者数で34年間連続で1位を占《し》めるのが東京の開成高校です。同校の二〇一二年度の東大合格者数は１９２人（理科三類＝医学部を除く）でした。しかし、最近では東大離れが進んでおり、二〇一五年度は１７１人（同）に減少しています。

実は、合格者を増やしているのが、医学部です。同校の国公立医学部の合格者は、二〇一二年度は55人でしたが、二〇一五年度は77人と大幅な増加。この数字には、慶應義塾大医学部などの私立医学部や防衛医科大学校（以下、防衛医大）が含まれていませんから、実際はもっと多くの卒業生が医学部へ進学しているようです。

西の雄《ゆう》、神戸の灘《なだ》高校も、東大への進学者が多い学校として有名です。二〇一五年度は79人（理科三類を除く）で合格者数ランキング3位に輝きましたが、二〇一二年度は82人（同）が合格していました。国公立医学部の合格者は、二〇一二年度の74人から二〇一五年度の67人と微減ですが、同校の東大合格者数や開成高校の国公立医学部合格者と比べても、強い医学部志向が見て取れます。

鹿児島のラ・サール高校も、かつて開成、灘と並び「御三家」と称される高校でしたが、二〇〇六年度には47人（理科三類を除く）、二〇一二年度26人（同）だった東大合格者が二〇一五年度には24人（同）にまで減っています。いっぽう、国公立医学部の合格者は、二〇〇六年度60人、二〇一二年度78人、二〇一五年度80人と増えています。ちなみに、この80人は国公立医学部の合格者数ランキング２位です（１位は愛知県の東海高校）。

開成、灘、ラ・サールの進学先の変化は、何も特別なケースではありません。有名進学高校の大半で、同じような変化が見られます。「東大より医学部、理系なら医学部」という流れが、トップ校を中心に確実に広がっているわけです。

以前は、その是非《ぜひ》はともかく、東大に何人合格したかが高校の実力を計《はか》るバロメーターとされました。また、東大合格者数を高校を選ぶ基準のひとつとしていた親も多くいました。ところが、最近では「東大に何人合格したか」よりも「医学部に強い高校」を打ち出したほうが、親や子どもに強く訴えかけられるようです。

東大、京大よりも難しい⁉

大学の偏差値も、親の世代が受験した当時とはまったく違ってきています（図表1、2）。特に、地方の国公立医学部の難化が顕著です。

その背景には医学部を目指す層が厚くなったことがあります。以前は、医学部を目指すのは数少ない優秀な学生が中心で、その学生らは都市部の有名大学に集まっていました。地方の大学医学部にはあまり人が集まらない状況もあったのです。

ところが、現在は受験層が厚くなり、都市部の有名大学は受験生が集中して難易度が上昇したことで、地方の大学に拠《よ》り所《どころ》を求める流れになりました。その結果、全国的に医学部の偏差値がレベルアップしているのです。

今や、東大に合格可能なレベルの生徒が、理科三類が無理ならば、理科一類（工学部、理学部など）や理科二類（農学部、理学部、薬学部など）を目指すのではなく、地方の国公立医学部や東京の私立医学部を受験する時代です。

実際に、北海道大、東北大、名古屋大、九州大といった旧帝大（帝国大学を前身とする大学。他に東大、京都大、大阪大）の医学部はもちろん、山梨大、信州大、岐阜

図表1 国公立大学(理系・前期)の入試ランキング

偏差値	医・歯・薬学部	理・工学部	農・獣医・水産学部
72.5	東京大(理科三類)		
70.0	東京医科歯科大(医)、京都大(医・医)、大阪大(医)		
67.5	北海道大(医)、弘前大(医)、東北大(医)、筑波大(医学群・医)、千葉大(医)、横浜市立大(医)、山梨大(医)、信州大(医)、岐阜大(医)、名古屋大(医)、三重大(医)、京都大(薬)、京都府立医科大(医)、大阪市立大(医)、神戸大(医)、奈良県立医科大(医)、岡山大(医)、広島大(医)、九州大(医・医)、熊本大(医)	東京大(理科一類)、東京大(理科二類)	
65.0	旭川医科大(医)、北海道大(薬)、札幌医科大(医)、秋田大(医)、山形大(医)、福島県立医科大(医)、群馬大(医)、新潟大(医)、富山大(医)、金沢大(医薬保険学域・医)、福井大(医)、浜松医科大(医)、名古屋市立大(医)、名古屋市立大(薬)、滋賀医科大(医)、大阪大(薬)、和歌山県立医科大(医)、鳥取大(医)、島根大(医)、山口大(医)、徳島大(医)、香川大(医)、愛媛大(医)、高知大(医)、九州大(薬)、佐賀大(医)、長崎大(医)、大分大(医)、宮崎大(医)、鹿児島大(医)、琉球大(医)	東京工業大(第4類)、東京工業大(第7類)、京都大(理)、京都大(工)	北海道大(獣医)、京都大(農)
62.5	東北大(薬)、千葉大(薬)、岐阜薬科大(薬)、京都大(医・人間健康)、大阪大(歯)、岡山大(薬)、広島大(薬)、九州大(医・生命科学)、九州大(歯)	北海道大(理)、北海道大(工)、東北大(理)、東京工業大(第1類)、東京工業大(第2類)、東京工業大(第3類)、東京工業大(第5類)、東京工業大(第6類)	北海道大(農)、神戸大(農)、山口大(共同獣医)、鹿児島大(共同獣医)

※同一偏差値の場合、東西の順

(朝日新聞出版『大学ランキング 2016年版』より)

大、三重大などの医学部が、東大理科一類・二類と偏差値で並んでいます。また、それ以外の国公立医学部すべてが、東京工業大第4類・第7類、京都大（以下、京大）理学部・工学部と並んでいます。

私立医学部では、トップの慶應義塾大はもちろん、自治医科大、順天堂大、昭和大、東京医科大、東京慈恵会医科大（以下、慈恵医大）などの医学部に並ぶ偏差値は、他学部には見当たりません。さらに、医学部は募集人数が少ないですから、同じ偏差値でも厳しい戦いを強《し》いられることを覚悟しなければなりません。

親は、自分の経験を元に子どもに言いがちですが、それは何十年も昔のこと。親が現状を認識しないままだと、親子間のギャップから、子どもと衝突することも多くなります。特に、難関国立大出身の親は、私立医学部を低く見がちですが、今はそういう時代ではありません。

私立医学部の偏差値が急上昇した理由

医学部&東大専門塾クエストの長原正和《ながはらまさかず》塾長は、「大学にとって偏差値はムーディ

図表2　私立大学(理系)の入試ランキング

偏差値	医・歯・薬学部	理・工学部	農・獣医・水産学部
70.0	慶應義塾大(医)		
67.5	自治医科大(医)、順天堂大(医)、昭和大(医)、東京医科大(医)、東京慈恵会医科大(医)、日本医科大(医)、大阪医科大(医)、関西医科大(医)、産業医科大(医)		
65.0	岩手医科大(医)、杏林大(医)、慶應義塾大(薬)、東京女子医科大(医)、東邦大(医)、日本大(医)、聖マリアンナ医科大(医)、東海大(医)、愛知医科大(医)、藤田保健衛生大(医)、近畿大(医)、兵庫医科大(医)、久留米大(医)、福岡大(医)	慶應義塾大(理工)、早稲田大(先進理工)、早稲田大(基幹理工)	
62.5	獨協医科大(医)、埼玉医科大(医)、北里大(医)、帝京大(医)、東京理科大(薬)、金沢医科大(医)	早稲田大(創造理工)	
60.0	立命館大(薬)、川崎医科大(医)	上智大(理工)、東京理科大(工)	
57.5	北里大(薬)、慶應義塾大(看護医療)、星薬科大(薬)、京都薬科大(薬)、福岡大(薬)	東京理科大(理)、東京理科大(理工)、明治大(理工)、立教大(理)、豊田工業大(工)、同志社大(理工)、同志社大(生命医科学)、立命館大(生命科学)	日本獣医生命科学大(獣医)、明治大(農)

※同一偏差値の場合、東西の順

(朝日新聞出版『大学ランキング 2016年版』より)

ーズの格《かく》づけのようなもの」と言います。

偏差値が下がると格が下がり、受験者が減ってしまうのです。すると、受験料収入も減る。私立大にとって、受験料は大きな収入源であり、とりわけ医学部の受験料は平均6万円と高額です。たとえば、4000人が受験すれば2億4000万円の収入になります。ですから、受験者数は経営に直結する問題なのです。

このことを私立医学部のスタッフは熟知しており、偏差値を高めるためにさまざまな経営努力をしてきました。

そのひとつが慈恵医大のケースです。同大は15年ほど前までは、入試を国公立大と同日に行なっていました。当時の偏差値は今ほど高くはなく、国公立医学部との競争を避《さ》けていたのかもしれません。ところが、二〇〇三年に試験日を1日増やして、受験機会を2回にしました。さらに二〇〇七年には、試験日を1日にして国公立医学部の試験日とずらしたところ、符合するように偏差値がグンと上昇しました。東大や国公立医学部を受ける学生が、すべりどめで慈恵医大を受けたのです。

そして、偏差値によって格が押し上げられ、同大は年を追うごとに受験者数を増やしていきました。それまで、慈恵医大と慶應義塾大医学部の間には、偏差値において決定的な差がありましたが、今は限りなく近づいています。

この慈恵医大の変化と動向が関係しているかは不明ですが、現在、私立医学部の受験日はバラバラになっています。前述の長原氏は、これを「八《や》ヶ《つ》岳《たけ》型」現象と称しており、これが私立医学部の偏差値を押し上げている要因と分析しています。

受験日が「八ヶ岳」のごとくなだらかに続いているために、受験生は何校も受験することが可能であり、10校受けるケースも珍しくありません。トップクラスの優秀な受験生が複数校を受験し合格すれば、それらの偏差値は上昇します。受験費用を負担する親からすれば、受験日が3日間くらいに集中しているほうが経済的であり、偏差値も下がりますが、当《とう》の受験生にすればチャンスが多いほうを歓迎します。

ただし誤解のなきように言っておきたいのですが、私立医学部は昔も偏差値が極端に低かったわけではありません。医学部の定員はもともと少ないため、合格しているのは今も昔もトップクラスの優秀な人たちです。日本の大学医学部は二〇一五年十二月現在、国立43校、公立8校、私立29校、合計でわずか80校です。上位校と下位校の差はあまりないと思ったほうがいいでしょう。

医師に必要な能力は、学力だけではありません。ペーパーテストでは測《はか》ることができない「人間としての総合力」が求められます。ある医学部関係者は「医学部は、本当は入学試験は必要ない。面接をすれば、この人は医師として一流になれるかどうかわかる」と話していました。これまでの私立医学部は、学力以外の能力を重視した選抜を行なってきた、とも言えるでしょう。

ただ、それを実施して、偏差値70の受験生を落とし、同60の受験生を合格させていたら、その大学の偏差値は60になります。すると、その医学部の格は徐々に下がり、受験者数が減ります。それでは経営が立ち行かないのです。

このように、私立医学部の偏差値上昇の背景には、少子化時代に生き残りをかけた大学側のシビアな経営戦略が見て取れます。近年、私立医学部では、合格基準を公開するなど、透明性を増して客観的な点数を重視するようになりましたが、このことと関係しています。

女性志願者の急増

　現在、医学部を目指す受験生の半分は女性です。女性が多く受験するようになったので、医学部の受験者数が増えたと言っても過言ではありません。昔から優秀な理系女性は、進路としてまず医学部を考える傾向がありましたが、現在その動きがいっそう顕著《けんちょ》になっています。

「これからは自分で稼《かせ》いで生きていく時代」という意識も、女性に高まっています。そして、何をして稼ぐかを考えた時、女性に関心の高い分野が、食べもの、赤ちゃん、子育て、医療といったライフサイエンスの分野であるというデータがあります。その流れの先に医学部があるのでしょう。

　女性の受験生が増えれば当然、女性の浪人生も増えます。私が医学部受験予備校の代表を務めていた頃とは異なり、女性が浪人することを良しとしない社会的風潮も過去のものとなりつつあります。そうは言っても、女性の場合は2浪までが一般的です。それ以上は、学費を払う親がなかなか許可しません。

　なぜなら、医学部受験が怖いのは、3浪を超えると後戻《あともど》りできないからです。医学部受験に失敗して他の進路に切り替えた時、女性は現役で就職すれば、可能性が広がっています。1浪でもギリギリセーフかもしれません。

しかし、2浪以上になると厳しくなります。大企業があえて2浪以上の女性を採用することは少ないように見受けられます。いっぽう、男性は浪人を理由に就職で不利益を被《こうむ》ることはあまりなく、この点での男女間の差は依然として存在するようです。

もっとも、なかには多浪の女性もいます。以前は3浪以上の女性はほとんど見受けられませんでしたが、今は4浪、5浪の女性もいます。最初から一般企業への就職は頭になく、何浪してでも医学部に進み、医師になるという決意をした人たちです。これは大きな変化です。

以前、女性が多浪しなかった理由のひとつに、結婚がありました。ストレートに進学しても医学部を卒業するのが24歳、そこから医師として働き、パートナーを見つける頃には30歳を過ぎており、婚期が遅れてしまうという理由です。

しかし、今の時代、結婚観もずいぶん変わりました。そもそも首都圏では、20代で結婚する人のほうが少数派です（厚生労働省「人口動態統計」）。大学を卒業してから相手を見つけて結婚するというスタイルも重視されなくなり、恋愛が発展すれば結婚するという自然な流れになっています。最近の医学部では、在学中に学生結婚をする女性が増えているそうです。

現在、医師の約20％は女性です。ただし、結婚、出産、育児などで医師を辞めて専業主婦の状態にある女性も意外と多いです。彼女たちは育児などが落ち着いたら、復職しようと考えています。しかし、長いブランクのあと、医療の第一線に戻るのは容易ではありません。また、家庭との両立の問題もあり、彼女たちもパート勤務を望んでいるケースが多いようです。

実は、医師は資格さえあればパートでも高収入が得られる職業です。医師としての高い使命感とは裏腹《うらはら》ですが、女性医師のなかには「出産後も高収入のパートができる」という理由で、医師を目指す人も少なくはありません。だからこそ、医師という職業は女性にとって魅力的で人気があるのです。

女性医師を取り巻く環境や問題点については、第２章で詳しく述べます。

非医師家庭の急増

5~10年前までは医学部を目指すというと、医師の家庭が多かったのですが、最近では前述のように私立医学部の垣根《かきね》が低くなったことで、非医師家庭も医学部受験に参入してきています。それらは、次の5類型に分けることができます。

ひとつ目は、大企業の役員クラスです。不確実性の時代にあって、経営陣であるほど日本の将来を厳しくとらえているのかもしれません。子どもには、自分のようなサラリーマンではなく、手に職をつけることを望むケースが多いようです。

二つ目は、両親2人が会社員、公務員というダブルインカムの家庭です。この職種には教員も含まれます。両親とも上級公務員の場合、2人合わせた年収は2000万円ほどになるケースもあり、経済的にかなり余裕があります。国公立医学部がたとえダメでも、私立医学部に何とか行かせることができるわけです。

三つ目は、歯科医師、薬剤師など医師以外の医療系の家庭です。特に、歯科医師は子どもを医師にさせたがります。歯科医師は現在、飽和状態で厳しい状況に置かれているからです。その年収は平均で650万円くらい、若い歯科医師は300万円台とも言われています。歯科医院を経営する親は子どもに跡《あと》を継《つ》いでもらうことをあきらめ、医院に〝衣替《ころもが》え〟することを願うのです。

ある医学部受験予備校の関係者も、歯科医師の凋落《ちょうらく》を目《ま》の当《あ》たりにしたことがあるそうです。「10年以上予備校を経営していて、一度も学費を払わないまま来なくなった生徒が１人だけおりました。通っていたのは60代の歯科医師の子どもです。『今度払います』を連発され、その言葉を信じて待ちましたが、結局支払われないまま。悪気《わるぎ》はないのでしょうが、どうも払えなくなったようです」。

いっぽうの薬剤師は、収入ではなく一種の挽回《ばんかい》の気持ちがあります。医療現場では医師を頂点としたヒエラルキーがあり、薬剤師は医師に従属して仕事をしています。この格差に忸怩《じくじ》たる思いがあるようで、わが子には同じ思いをさせたくないと、医学部への進学をすすめるケースです。

四つ目は、冒頭にも書きましたが、祖父母のポケットが期待できる家庭です。「子や孫への教育資金の一括贈与制度」も創設され、祖父母から教育資金として援助を得やすくなりました。現在、日本の金融資産の60％は60代以上が所有しており、両親に経済的余裕がなくとも、祖父母は資産を持っているというケースも少なくありません。さらに、少子化によって、数少ない子や孫に集中するという流れもあります。

五つ目は、30歳前後のビジネスマン・ウーマンです。「このままサラリーマンをやっていてもダメだ、医師になろう」と、思いきりよく会社を辞めて医学部を目指すのです。私が現在教えている人のなかにも、このタイプはけっこういます。

なかには40～50歳で大企業の役職を捨てて、医学部を目指す人もいます。私の教え子によれば、「受験会場に中年男性ばかりが目立ち、変な入試会場だった」こともあるようです。

そういう上昇志向の強い人は、難関国立大を卒業しているなど、もともと能力が高いうえ、退路を断《た》って参戦してきていますから、まじめに勉強します。こういう優れた人たちと競うわけですから、18、19歳の若者が生半可《なまはんか》な気持ちで受験しても合格が難しいのが医学部受験の現状なのです。

第2章

外部からはわからない 医学部と医師の世界

学費は、350万円から4550万円まで

子どもが医学部の受験を決めたとして、親にとって気がかりなのは、やはり学費でしょう。医学部の学費は高いというイメージがありますが、実際はどのくらいかかるのでしょうか?

結論から言えば、ピンキリです。国公立大の学費(入学金、授業料)は6年間で350万円前後で、これは医学部以外の学部に進んでもほぼ同程度です。

では、気になる私立大はどうか。第1章で述べた通り、私立医学部の学費は一時期に比べ、かなり下がってきています。医歯薬専門予備校メルリックス学院の田尻学院長は「最初に学費を下げたのは順天堂大医学部でした。その動きに他校が追随したのです」と指摘します。

図表3は、私立医学部30校(二〇一六年四月開設の東北医科薬科大を含む)の6年間の学費をランキングにしたものですが、実は昭和大医学部が〝隠れ1位〟かもしれません。同表では3位2200万円ですが、補欠合格者と選抜Ⅱ期20人を除く正規合格者90人は初年度の授業料300万円が免除され、1900万円になるからです。

図表3　私立大学医学部の学費

順位	大学名	6年間の学費(円)
1	順天堂大	20,800,000
2	慶應義塾大	21,740,000
3	昭和大	22,000,000
4	東京慈恵会医科大	22,500,000
5	自治医科大	22,600,000
6	東邦大	25,800,000
7	日本医科大	27,700,000
7	関西医科大	27,700,000
9	東京医科大	29,400,000
10	産業医科大	30,490,000
11	大阪医科大	31,410,000
12	東京女子医科大	32,840,000
13	日本大	33,100,000
14	岩手医科大	34,000,000
14	東北医科薬科大	34,000,000
16	聖マリアンナ医科大	34,400,000
17	東海大	35,000,000
18	近畿大	35,800,000
19	藤田保健衛生大	36,200,000
19	久留米大	36,200,000
21	獨協医科大	36,600,000
22	埼玉医科大	37,000,000
22	杏林大	37,000,000
22	兵庫医科大	37,000,000
25	帝京大	37,496,000
26	福岡大	37,600,000
27	愛知医科大	38,000,000
28	北里大	38,900,000
29	金沢医科大	39,500,000
30	川崎医科大	45,500,000

※入学金、授業料、実習費、施設費等の6年間の合計金額の順

(メルリックス学院『私立医歯学部受験攻略ガイド 2016年度版』より)

昭和大医学部正規合格者を除けば、１位は順天堂大医学部です。同大は優秀な学生を獲得するために、戦略的に学費を２０８０万円まで下げました。長年、学費が安いことで知られてきた慶應義塾大医学部を意識したようにも見えます。

17位の東海大医学部、25位の帝京大医学部は、以前は学費が高いグループに属しており、６年間で５０００万円超の学費がかかりましたが、現在は３５００万、３７００万円台とリーズナブルになってきています。

いっぽう、もっとも学費が高いのは、現時点では川崎医科大の４５５０万円です。「５０００万円弱となると、よほど経済力がないと行かせられませんが、２０００万円台であればサラリーマン家庭でも何とかなります。しかも、今や資金捻出《ねんしゅつ》のポケットは二つだけではありません。両親の経済力で足りなければ、祖父母が出してあげる、というご家庭はけっこうあります」という田尻学院長の指摘は、第１章で述べたことを裏書きしています。

知られていない奨学金

祖父母のポケットが期待できず、そうかと言って国公立医学部を狙うには学力が不足している場合は、どうすればいいのでしょうか？

ある程度の成績で、経済的な条件が合致すれば「奨学金」という道があります。ただ、一口《ひとくち》に奨学金と言っても、受給できる条件は多種多様であり、誰もが受けられるわけではないことに注意してください。

奨学金には大きく三つの種類があります。

まず、もっともポピュラーなのは日本学生支援機構の奨学金です。昔の日本育英会のことです。返還義務のある貸与型で利息なしの第一種と、利息つきの第二種があります。第一種を受けるには、「高校の評定が3・5以上、家庭の年収が896万円以下」などの条件を満たすことが必要です。貸与額は、国公立・私立・自宅・自宅外により異なり、医学部の学生は増額することもできます。

次に、各大学の奨学金です。医学部に限ったものではありませんが、大学は独自の奨学金制度を用意しています。金額は大学によりさまざまで、返還義務のある貸与型と、返還義務のない給付型の2種類があり、成績と家庭の収入により申し込みます。

大学によっては、入試の成績の上位者を特待生として優遇する措置を設けているところもあります。特待生になると、授業料が一部または全額免除されます。医学部独自の奨学金（主に地域枠奨学金）を用意している大学もあり、ホームページなどで確認しましょう。

「地域枠」については第3章で詳述しますが、地域医療を担《にな》う人材を育成するために、主として地元高校の出身者を特別枠で選抜する入試方法のこと。この枠で入学すると奨学金が貸与されるというのが、地域枠奨学金です。卒業後、地域の指定された医療機関に、指定された期間勤務することが条件ですが、それさえクリアすれば奨学金の返還が免除されます。

意外と知られていないのが、地方自治体の奨学金と病院の奨学金です。地方自治体の奨学金は、文字通り、都道府県や市区町村などの地方自治体が運営している奨学金制度です。広報誌やホームページなどで募集しますので、見逃さないようにしましょう。

病院の奨学金は、病院などが独自に実施しているものですが、数はあまり多くはありません。たとえば、静岡県の市立御前崎《おまえざき》総合病院の奨学金は入学時に300万円と毎月25万円が貸与されます。そして卒業後に指定された期間、同病院に勤務すると、返還が免除されます。他にも鹿児島県公的病院会などが行なっています。

これは、病院にとって医師確保の手段のひとつです。一般的に、病院は人材紹介会社に依頼して医師を確保しますが、紹介料として医師の年収の3分の1程度の金額を人材紹介会社に支払うと言われています。たとえば1000万円の医者を紹介してもらった場合は、300万円の手数料がかかります。ならば、医学生に奨学金を出して、将来自分の病院に勤務してもらおうと考えても不思議ではありません。

これら奨学金以外では、教育ローンを組むという方法もあります。もちろん奨学金と合わせて利用することもできます。

教育ローンというと銀行の学資ローンが思い浮かびますが、国による低金利の制度もあります。日本政策金融公庫の教育一般貸付《かしつけ》がそれで、通称「国の教育ローン」と呼ばれます。

最高350万円まで年2・05％（固定金利）で借り入れができ、返済期間は最長15年です。ただし、子どもの人数によって世帯年収に上限があり、たとえば子ども2人では年収890万円以下でないと利用できません。しかし、日本学生支援機構の奨学金と異なり、成績が問われないため、その意味では借りやすいかもしれません。

「国の教育ローン」が年収などのために借りられない場合には、最後の手段として利息がそれらより高めの銀行の学資ローンを検討する必要があるでしょう。

医学生の実像① 1浪で合格したEさん
・医学部を志望した理由

毎年、厳しい受験勉強を乗り越えた一握《ひとにぎ》りの子どもたちが、医学部に進学していきます。わが子を医学部に入学させたい親としては、どのような子どもが合格を手にするのか、ぜひとも知りたいところでしょう。その家庭環境は？　幼少時をどのように過ごしたのか？　医学部を目指したきっかけは？

私の教え子である現役医学生2人に協力してもらい、外からはわからない医学生の姿を語ってもらいました。まずは1年間の浪人後、医学部に合格したEさんのケースを見てみましょう。

Eさんは小学1年生の頃から野球を始め、千葉県の私立中高一貫校に入学してからも野球に打ち込んだそうです。授業が終わる15時半からトレーニングを開始、グラウンドが使える18時からは、ノックなどの練習を20時半までするという毎日だったそうです。

その後、電車で約1時間をかけて帰宅する頃にはへとへとに疲れ、家では夕飯を食べて風呂に入り、寝るだけ。そのため、毎朝5時に起床し1時間ほど勉強してから、続きは電車のなかで勉強するようにしていました。東京ディズニーランドに向かう客で電車が込み合うのは土曜・日曜だけなので、平日は座って勉強できたようです。

また、高校は進学校なので、授業の内容が受験勉強に直結していたことも全国の受験生に遅れを取らずにすみました。その高校は、英語は教科書の内容を高校2年までに終わらせます。数学も高校2年には数学Ⅲの内容を終了させ、高校3年はまるまる1年間を演習に充《あ》てて実践力を鍛《きた》えていきます。

部活動を終えた高校3年の夏休み以降、Eさんは本格的に受験勉強に打ち込みました。1日の勉強時間は平均して12～13時間ほどで、食事、風呂、移動以外のすべての時間を勉強に充てたそうです。

もともと、文系科目が得意で成績も良かったため、何となく外交官を志望していましたが、文理選択の際は理系を選択。その後、医学部入学を目標に定めました。医学部を志《こころざ》すきっかけとなったのは、高校2年の夏、同級生に誘われて参加したジョンソン・エンド・ジョンソン主催の「ブラック・ジャック セミナー」でした。

これは、外科手術の腹腔鏡《ふくくうきょう》手術が模擬体験できるセミナーで、友人の父親が慈恵医大附属病院の医師だったことから、Eさんも参加することができました。模擬体験では出血が多くうまくいきませんでしたが、「自分の技量さえしっかりしていれば、患者を救うことができる」ことを実感したそうです。

また、高校2年の秋に悪いフォームで投球していたことが原因で第五腰椎《ようつい》分離症になったことも、医学部志望に影響を与えました。第五腰椎分離症はレントゲンでは発見することができず、より細密な画像が見られるMRI（核磁気共鳴画像法）によって発見できます。レントゲンで発見できるくらいになると、もう手遅れで、医学の進歩によって早期発見できたことに感激したと言います。

医学部志望について、ピアノ講師をしている母親は、自身が資格を持ち教室を開設できるようになった経験から、自分の技術で道を切り拓《ひら》ける国家資格を取得することに賛成してくれました。

また、公務員の父親も、良い選択として受け入れてくれました。堅実さで人気の公務員ですが、Eさんの父親によると30代半ばから地位は上がっても昇給率はさほど変わらず、全体的に地盤沈下を起こしている現状を痛感していたようです。

数学オリンピックに出るくらいの才能がある子どもでも、「数学者になっても食えない」という理由で、親から医学部をすすめられた例もあります。最近は、手に職をつけることに重きを置く親が増えてきているのかもしれません。

・家では寝るだけの朝型勉強法

両親ともに勉強についてはあまり干渉せず、中学受験が終わると勉強を見ることもなくなったそうですが、Eさんが高校3年の時から香港に赴任している父親とは毎日のようにスカイプで連絡を取り合い、Eさんの成績データをパソコンでグラフ化したものを送ってきてくれたそうです。

志望校と照らし合わせながら、「ここは○判定だから、平均するとこの調子だったら大丈夫だよ」「二次試験ではこれくらいの点数が必要だけど、何点ずつ取るつもりなの？」とアドバイスをしてくれたそうです。

現役では前期に山形大医学部、後期に富山大医学部を受験しましたが不合格となり、すぐに浪人を決めたそうです。

もともと朝型だったEさんは、浪人生活を始めた五月には、家に帰ると眠くなって勉強できないことに気づき、勉強はすべて予備校で終わらせ、21時半には帰宅することにしました。そして、23時には就寝して翌朝6時に起床、朝は7時半か8時には必ず予備校にいるような生活スタイルを貫《つらぬ》きました。

1日7時間の睡眠時間は受験生にとっては多いほうで、神経質な人は勉強が気になり寝つきが悪くなるようですが、Eさんは気にならなかったそうです。

試験会場でも「私大は思ったよりピリピリした感じはなかったし、圧倒されることもありませんでした。自分はたくさん勉強してきたし、実力がついてきたという自負もあったので、正直に言って自分のほうが頭がいい、という感覚がありました」と語っています。

こういった感覚――おおらかさ、鷹揚《おうよう》さ、自信――は、受験生にとって強みだと思います。

・東大か、医学部か？

Eさんの高校は医学部受験生が多く、二〇一四年度は３００人ほどの現役生のなかの25％、70人ほどが受験したと見られています。成績上位者は東大か他大の医学部を目指すというのが一般的な流れだそうです。

後輩のなかには、東大の理科一類か同二類に受かる実力があっても「僕は創薬をやりたいんだ」と、夢を持って東北大薬学部にＡＯ（Admissions Office／入試審査事務局）入試で進学した人もいたそうですが、成績上位者の大部分は東大か医学部を受験するそうです。そして、東京医科歯科大、京大医学部、阪大（大阪大、以下同様）医学部は別格として、東大へ合格しているそうです。

第1章で東大神話は崩れたと述べましたが、まだまだ東大人気は健在の側面もあるようです。東大理科一類の定員は約1000人、各国公立医学部の定員は100人ほどという点でも東大が選ばれているのかもしれません。しかし、Eさんによると、いざ受験が終わってみると「こんなに医学部を受けている人がいたの」と思うほど、医学部受験者が多かったそうです。

Eさんは無事、横浜市立大医学部、昭和大医学部（特待生）、順天堂大医学部、慈恵医大に合格することができました。

医学生の実像②　5浪で合格したFさん
・故郷を離れての高校生活

中学3年まで生まれた福島で過ごし、高校からは1歳上の兄が進学していた神奈川県の私立高校に通ったFさん。

中学3年の時は1カ月に1回、母親の友人宅に泊めてもらいながら模擬試験（以下、模試）受験のために東京に通うなど、地元の同級生たちとは違う高校受験の準備をしました。合格してからは、母親や弟と一緒に横浜へ移住しました。

父親は、福島の病院で腎臓《じんぞう》専門の勤務医をしています。祖父は開業医で、叔父がその病院を継いでいるそうです。祖父の家の隣にはその病院があるため、物心《ものごころ》がつく頃には、漠然と医師になりたいという思いを抱《いだ》いていたそうです。

医師を明確に志すようになったのは、高校3年の秋に左膝《ひざ》を骨折したことがきっかけでした。地元の整形外科病院で治療を受けましたが、レントゲンを撮って「骨折」と診断されると、ギプスもせず松葉杖《まつばづえ》だけ渡されて特に説明も受けず帰されました。松葉杖がなくても歩けたので、松葉杖を使わず日常生活を送っていましたが、なかなか快方に向かわないので、同じ病院の違う医師に診《み》てもらったところ、「これはいけない」と、すぐにギプスを巻いてくれたそうです。

生まれてはじめての大きなケガで適切な処置を受けられなかったことはショックでしたが、正しい処置をしてくれた医師がていねいな謝罪と経過説明をしてくれたことに心を動かされたそうです。そして、自分も、患者をただ治すだけではなく、心も元気にできるような医師になりたいと願ったと言います。

父親が浪人をやめろと言わなかった理由について、Fさんは「父親の同級生の子どもが誰も医師になっていないので見栄《みえ》もあったのでは」と語っていますが、兄と2人の弟が文系ということもあり、1人くらいは自分と同じ医師の道を歩んでほしかったという思いが強かったのかもしれません。

母親は、勉強についてことさら発言することはなく、Fさんと弟の身の回りの世話をしながら、朝7時に予備校に入る息子のため、毎日お弁当を作るというサポートをしていました。子どもに多浪をさせるには、親にも負担と覚悟が必要なのです。

Fさんの通った高校は、当時1学年1200〜1300人ほどのマンモス校で、2年までは男女別学、3年で共学になります。これは、昔は男子校だった名残《なごり》のようです。Fさん曰《いわ》く、スパルタ式の予備校のような高校で、予備校に通わずとも学校のテキストをやれば志望校に受かる、という強い考えの下《もと》に指導されていたそうです。

Fさんが在籍したのは普通科で、その他に理数科があり、さらに難関大の受験に特化した中等教育学校がありました。中等教育学校は同じ敷地にありましたが、中高一貫の男子校で中学から通う人のみで構成されています。理数科は、医学部志望者が多く、Fさんが高校3年の時に通っていたS予備校で出会った友人は、全員理数科だったそうです。

故郷を離れ、さらに競争が激しく規律に厳しい高校生活でしたが、同級生たちと一緒に予備校に通うなど絆《きずな》を深めていきました。彼らとは現在も連絡を取り合い、一緒にご飯を食べたりしているそうです。

・予備校の最下位クラスから

5年間の浪人生活を送ったFさんに、その原因を尋《たず》ねたところ「高校生の時には医学部をすこし舐《な》めていて、本腰を入れて勉強しなかったから」という答えが返ってきました。

しかし、浪人1年目のS予備校で最初のクラス分けの時に一番下のクラスになり、はじめて「自分はこんなにできないんだ」と実感したそうです。祖父や父親の存在があり、医師というものが身近すぎて「すこしがんばれば医師にはなれるだろう」と無意識に思っていたのかもしれません。

S予備校では、テキストを繰《く》り返しこなしましたが、基礎がなく、ただ上から問題をなぞっているような感覚があったと言います。目の粗《あら》いザルで問題を洗っても、押さえておくべき大切な要素が抜け落ちていくようなイメージでしょうか。基礎の確立、という課題が見え始めた年でした。

2年目からは、すこしずつ問題を解《と》ける感覚が出てきましたが、受験は失敗。3年目は、大手の予備校ではなく医学部専門のN塾に通いました。その年は日本大（以下、日大）医学部の一次試験は通りましたが、二次試験（面接・小論文・適性検査）で不合格になりました。3年目以降は、合格するまで偏差値はあまり変わらなかったということなので、3年間で医学部進学のための実力は備わっていたと思われます。

4年目は、個別指導のMへ。ここでは週に英語を2コマ、数学、化学、物理を各1コマずつ取り、1日に必ず1コマを受講するように組みました。しかし、今になって思えば、ここでの1年にはあまり手応《てごた》えを感じられなかったそうです。

5年目は、「人がやっていない時に勉強をする」というスタンスで、誰よりも塾に早く来て勉強をしていました。自分に合った生活スタイルで無理せず続けることが前提なので、誰よりも遅くまで――にはしませんでした。しかし、人が寝ている間、休んでいる間、ご飯を食べている間にすこしでも差をつけようと努力をしました。

さらに、東日本大震災で地元福島が原発事故に見舞われたことも、少なからず影響しました。父親からは「まだ放射線量が高いから戻ってくるな」と言われましたが、知人のなかには安否がわからない人がいたり、中学の先生からは目の前まで津波が来たという話も聞きました。友人や家族、原発のことを考えると、勉強が手につかない日々を、その年の夏まで送りました。

勉強法としては、「いかにして早い段階から基礎を固められるかがポイント」と言うFさん。具体的には、教科書レベルから徹底してわからない問題がない状態にすること。そして、予備校のテキストについても、いきなり指名されても自分で授業ができるくらいに理解することが必要だそうです。

予備校では事前にテキストを予習し、授業で答え合わせをして、どれくらい解けるかをチェックしたそうです。5年目のスタート段階で、自分で統計を取ったところ、75％の理解度をクリアしていました。そこから90％を目標に勉強を進めていったと言います。こういう基本を大切にする姿勢が大事なのです。

Fさんが反省点として挙げるのは、私立医学部の過去問題（以下、過去問《かこもん》）に取り組む時間が少なかったことです。夏休みの終わりから週に1回のペースで「赤本《あかほん》（大学、学部別の過去問を集めた問題集）」に取り組み、穴が見つかるたびに埋め合わせていきましたが、もっと早くから予定を組んで10年分くらいはやりたかったそうです。それでも物理は、昭和大医学部で10年分取り組みましたし、各教科について、志望した大学は最低5年分はこなしました。

過去問に取り組む時間は、予備校の昼休み（1時間）を使いました。東京医科大、杏林大医学部は試験時間が60分間なので、本番の緊張感も考慮して50分間で取り組んだそうです。

・多浪生が見た現実

何度も受験を経験していて感じたのは、試験問題が年々難しくなったことだそうです。二〇一五年の慈恵医大は募集人数１１０人に対し、入学志願者は２４００人が集まりました。

また、順天堂大医学部附属順天堂病院の天野《あまの》篤《あつし》医師（日大医学部出身）が天皇陛下の執刀をしてから、日大医学部の志願者が増加、二〇一五年は４４１１人の受験生が１２０の席を争いました。しかし、Ｆさんは学力がついており、対策もしっかり行なっていたので、二〇一五年は解けないような問題はなかったそうです。

かつて、「多浪生は医学部に受からない」と言われていましたが、今は一次試験に関してはあまり関係ないようです。ただ、すべての大学がクリーンというわけではありません。

たとえば、Ｆさんは旧設の二つの医学部では自己採点で80％以上取れており、はっきりと手応えを感じましたが、通りませんでした。もちろん、あと2、3点足りなかった可能性はあります。しかし、それらの大学に入学している人たちを見ると、ほとんどが現役生か1浪生で、2浪以上は、あまり多くは見受けられないそうです。多浪生には厳しい状況があるのではないかと推測されます。

「結局、試験でどれだけ点数を取れるか。取れるだけ取ってしまえば問題はないんです。多浪生は面接でそれなりに減点を食らうだろうから、それをリカバリーできるくらいに、一次試験で得点しておくべきなんですね」と言うFさん。

昔は大学側に、どうせ二次試験で落とすから一次も通さない、ということが少なからずあったようです。それと比べると、ある意味で公平になってきているとも言えます。

Fさんは多浪生の合格者が多い日大医学部を選択し、多浪生がハンデにならないような状況で、結果を出すことができました。

ちなみに、試験会場では日大医学部は女性の志願者が多かったと感じたそうです。多浪生や再受験生も受け入れることから、受験生が多く集まったのでは、と推測されます。日大医学部や杏林大医学部では、Fさんより年上の人や一度勤めてから受験したような人もいたようです。同じ医学部でも受験者、合格者には各大学の個性が現われているので、過去問以外にも分析することが必要です。

・母子家庭の医学部受験

Ｆさんが当初通っていたＳ予備校のような大手予備校には、公立高校出身者や女性も多く在籍し、ハングリー精神やピリピリとした緊張感を感じたそうです。

男女比は半々くらいで、Ｆさんの知人で私立校出身者の女性は慈恵医大、日大医学部、筑波大医学群医学類、千葉大医学部などへ進学、母子家庭で都立高校出身の女性は防衛医大に進学しました。

その方は私立医学部を１校も受験せず、勉強は国公立医学部対策のみでした。見た目はチャラチャラしたような印象を受けたのですが、中身はしっかりとしていたようで、お金がかかるからと夏期や冬期の講座も取らず、予備校で与えられた最小限の教材をボロボロになるまで使い込んでいたそうです。

Ｓ予備校は安価なクラスでも前期44万円、１年で１００万円ものお金がかかり、私立高校に通うのと同じくらいの出費となります。言うならば、「保険」がひとつもなく一発勝負に賭《か》けるようなもので、経済的に余裕のある人たちに比べ、厳しい戦いをしていたのでしょう。

また、クラスの知り合いは、ほとんどが医師の子どもではなかったそうです。それでも、外交官、銀行マン、薬品関係、会社経営者、共働《ともばたら》きのサラリーマンなど、家計にゆとりのある家庭の子どもが多いようでした。

医学部は、入学後も実習費や医療器具代など、学費とは別にお金がかかります。Fさんの家庭でも、お兄さんは就職していますが、2人の弟はまだ学生であり、家計の負担が大きいため、月に10万円ほどの奨学金をもらっています。Fさんが進学した日大は奨学金制度が充実しており、10種類ほどのなかから、他学部でも受けられるシステムで手厚いサポートを受けているそうです。

親の実像① 江戸時代から続く医師家庭

・一般家庭とは大きく異なる環境

医学部に通う学生の親の職業で、もっとも多いのは開業医です。開業医の子どもは多くの場合、人生の選択肢が医師しかなく、幼少時から医学部受験に向けた勉強を積んでいます。そして、家族の期待を一身に背負《せお》い、人一倍努力をして、その多くが医学部に合格していきます。

私が医学部受験予備校を主宰していた時、テレビ朝日の夕方のニュース番組で学生たちを合宿特訓で指導している私の姿が10分間紹介されたことがあります。番組が終了するやいなや、３、４人の方から予備校に電話がかかってきました。北関東で大きな医療法人を経営している医師や、どうしても子どもを医学部に進学させないといけない家庭の方が、ぜひ相談に乗ってほしいとのことでした。

そのうちの１人がＧさんの母親でした。数日後、予備校のドアを開けて入って来られたのは、高級ブランドに身を包まれた２人の女性でした。Ｇさんの母親とそのお姉さんです。当時、私の予備校はスーパーを改造した安っぽい作りで、２人には不釣り合いな感じがしたのを覚えています。

２人の話では、「うちは江戸時代から代々《だいだい》医師の家系なので、息子（Ｇさん）が医学部に進学して医師にならなければ困るのです。何とかご指導をお願いします」とのこと。Gさんの学年を尋ねると、まだ中学2年生でした。私の予備校は高校1年生以上を対象としていましたが、2人の熱意に押され、Gさんをお預かりすることにしました。

Gさんは中学生の時は週2回、夏休みは20日間、冬休みは10日間ほど、通ってきました。高校に進んでからは週3日、高校3年の時はほぼ毎日通学してきました。Gさんの自宅がある横浜市から東京都文京区の私の予備校までは近いとは言えず、子どもにとっては通うだけでも大変だったと思います。その後1年間浪人しましたから、合計6年間通ったことになります。私はその間、彼の成長をずっと見守ってきました。

江戸時代から続く開業医の家庭は、私たちとは生活感覚がまったく異なります。子どもに対する接し方も大きく異なり、医院の後継者として大切に扱われます。ちなみに、Gさんの離乳食は鰻《うなぎ》のすり身だったそうです。

・医師家系の子育て法

Gさんの父親は医師として、自宅に隣接した医院で毎日忙しく働いており、子どもにかまっている時間はありません。勉強のこともいっさい口出ししなかったそうです。ふだんは家族と一緒に食事をすることもなく、たまの休日に外食をする程度でした。Gさんによれば、彼が家族の食事会の時間を守らなかったことが一度だけあり、父親から「今日はおまえに一言《ひとこと》だけ言いたいことがある」と注意されたそうです。

母親も医師の家庭の出身で、おっとりしたお嬢様タイプでした。Gさんにガミガミ言うことはない代わり、できる限りの援助はするという印象です。

彼らに代表される医師家系の子育て法を端的《たんてき》に言えば、子どもが走りやすいレールを敷き、自然に走らせること。そして、人間的に信用でき、これはという人に子どもを預けるのです。

Gさんは預けられた先が私だったため、年上の兄のように慕《した》い、信頼を寄せてくれました。私が預け先としてふさわしかったかどうかは別として、ある意味、兄代わり、親代わりでした。

Gさんは都内の私立の中高一貫校に通っていました。東大に進学する人もいる学校で、成績はいいほうでした。勉強はそれほどしている風でもないのに、地頭《じあたま》がいいのか、非常に思考力・考察力がありました。彼が高校2年の時のこと。夏休みに長野の野辺山《のべやま》で合宿した際、私は皆に、数学オリンピックで出題された問題を何問か解かせました。Gさんはけっこう解けており、驚いた記憶があります。

志望校は、有名校で、江戸時代から続く医師の家系の者としてふさわしい学校という観点から、当時御三家と言われた慶應義塾大医学部、慈恵医大、日本医科大から選びました。国公立医学部は受験科目も多く、合格まで時間がかかるということで、当初から視野にありませんでした。経済的には裕福ですから、一流の私立医学部に早く合格してしまいたいということでしょう。

その後、志望する医科大に進学、卒業後に附属病院で研修をしていた時に、国立大医学部を卒業した優秀な女性と知り合い、のちに結婚しました。私も披露宴に招待されましたが、これまで出席した結婚式にはなかった光景に驚きました。

大学の同級生だと思うのですが、女性が全員きれいな着物姿で、まるで着物の品評会のようでした。その着物姿の女性たちが、同級生の男性たちと一緒になって肩を組み、大学の校歌を歌われている姿を目にし、学閥意識の強い私立医学部の結束力の強さを感じました。

また、出席者はほとんどが医師で、医師でないのは私とGさんが所属する医科大の講師と、Gさんの父親の友人くらい。しかし、その友人も、Gさんが大学に合格した際、20万円の背広券を贈ったそうですから、私とは別世界に住んでいることを思い知らされました。

・失敗例

Gさんは絵に描《か》いたようなエリート一家ですが、医師の家庭でも、子どもがスポイルされてしまうケースもあります。

多くの医師の家庭の子どもを長年見てきた私の経験から言えば、病院が大きくて自宅と離れていたり、子どもを全寮制の学校に入れたケースでは子どもがダメになることが多いように思います。

太陽と惑星の関係のように、中心に親がいて、引力に引かれながら周囲を子どもが回り、軌道がずれたら、すぐに戻すくらいでないといけません。大病院で回診《かいしん》もある、会議もある、出張もある、親子がほとんど顔を合わせない、子どもに親の背中を見せていない――これでは親の引力が働かずに、太陽系外に子どもは飛んで行ってしまいます。

大病院の息子で全寮制の高校に入っていたHさんは、寮生活になじめず、通信制の高校に転校しました。そこに家庭教師として私が教えに行ったのですが、高校は何とか卒業したものの、私がさまざまな話をしても、医師になる気持ちがまったく生まれませんでした。

そんなHさんに、父親は「おまえが近くにいると世間体が悪いから、関西のほうの専門学校に通ったらどうか」と言ったそうです。まるで、子どもを荷物か何かと思っているようです。これでは子どもはますますダメになり、さらに遠くに飛んで行ってしまいます。

ですが、子どもは変わる可能性を秘めています。やはり代々医師の家系ですが、医学部受験の勉強にあまり身が入らなかった子どもが、東日本大震災の避難所で医師である父親が骨身を削《けず》り治療している姿を見て、ガラッと変わったケースもあります。

親が子どもを引っ張るには、言葉でガミガミ言うのは得策ではありません。親自身が背中で一生懸命に生きている姿を見せることが大切なのかもしれません。

親の実像② 非医師の家庭

・1歳から始めた通信教育

非医師家庭から、医学部に進学する子どもは少なくありません。特に国公立医学部は、学費が私立医学部に比べると安いことから、非医師家庭でも進学しやすくなっています。

しかしながら、その国公立医学部ですら、開業医や勤務医など医師家庭の子どもが多いのが現実です。そういう環境にわが子が身を置いた時、周囲から浮いてしまわないか？　学費の他に、テキスト代や医療器具代など、けっこうお金がかかるのではないか？　高額の仕送りはできないために、友人とのつきあいや持ち物で惨《みじ》めな思いをさせてしまうのではないか？　などなど、親の心配は尽きません。

そして何より、小さい頃からどのような子育てをすれば、非医師家庭の子どもが医学および医師への夢を持ち、医学部を目指して勉強をがんばるようになるのか？

これらを踏まえて、非医師家庭から国立大医学部に次男を進学させたケースを見ていきましょう。

Iさんの父親は、地方で整体院を開いています。父親はそれほど勉強ができるタイプではなかったそうで、地元の普通高校を卒業後、専門学校で5年ほど学び、整体師の資格とともに鍼《はり》やマッサージも勉強して、開業に至りました。

開業当時は、整体師の養成学校が全国に10校ほどしかなく、整体院じたいが少なく、1日に60人もの来院者を迎えていました。当時の収入はちょっとした開業医並みにあり、家と車をキャッシュで購入し、さらに3人の子どもたちの学費のために貯蓄もしていたそうです。

その後、整体師の資格取得について規制緩和があり、町のあちこちに整体院ができ、来院者は激減。収入も最盛期の6分の1までに減りましたが、貯蓄から子どもたちの学費やIさんの医学部進学のための費用を出すことができました。

母親は東京の私立大を卒業後、大手証券会社に勤めました。そして、友人の紹介で

2人は出会い、結婚。母方の家系には学力の高い人が多く、祖父は電卓がいらないほど計算に強く、祖母は銀行員で勉強熱心だったそうです。そういう両親に育てられた母親ですから、子どもの勉強には意欲的でした。

仕事で忙しい父親をよそに、赤ちゃんの頃から福音館書店の絵本を読み聞かせていたそうです。子どもたちは成長にともない、友人たちと共通の話題であるポケモンやコミック誌などに興味が移っていったようですが、本好きな子どもになったのはまちがいないようです。

その母親の意向で、Iさんは1歳の頃から公文式《くもんしき》の通信教育を受けています。0歳から2歳の子どもを対象にした、文字を覚える遊びのような内容です。その後、乳児用のプログラムを終えて、小学校入学前には、算数と国語の2科目を受け、小学校6年生まで続けました。小学校入学前に通信教育を始めるという家庭はあまり多くはなく、学習に対する意欲が感じられます。

Iさんは、1歳上の兄、2歳下の妹がいる3人兄弟の真ん中《まんなか》。そして、兄のあとを追うように勉強も一生懸命にしたそうです。公文式は、学習内容が学年を飛び越えていくために、小学校の学習内容が簡単に感じられ、また苦しい課題も勉強グセの形成に役立ったと言います。また、並行してベネッセの通信教育も受けましたが、公文式で学習内容が先行していたため楽々とこなしていました。

・テレビはリビングに置かない

勉強をするのは、家族が集《つど》うリビング。個室が与えられたのは中学生になってからだったので、それまでは子ども3人が勉強するのを自然と親が見ている環境でした。

ここでのポイントは、Iさんの家のリビングにはテレビがなかったこと。テレビは寝室にしかなかったので、好きなアニメなど見たい番組はそこに行って見る、というメリハリのついた生活ができる環境になっていました。それは、新居に移って個室を持つようになっても変わらず、ダラダラとテレビを見る習慣はありませんでした。

勉強以外では、Iさんは恐竜が大好きだったため、よく家族で博物館へ足を運んだそうです。また、体を動かすことも大事と考えた父親は、毎週末と夏休みは極力、子どもたちと外で遊ぶようにしました。近くの小学校の校庭が一般開放されていたので、家族5人で出かけて鉄棒をしたり、町民プールで泳いだりもしたそうです。小学校5、6年生までそのように過ごしていたというので、大変に子煩悩《こぼんのう》な父親であり、家族仲が良好なのでしょう。勉強は、遊びのあとに行なっていたそうです。また、家事などお手伝いなどをさせることは特になかったようです。

中学時代は陸上部に所属、短距離の選手として遅い時間まで部活をがんばっていたというIさん。それでも成績は常にトップで、部活と勉強をうまく両立させていました。小学生の頃は勉強を見ていた父親は、中学生になるとほとんどタッチしなくなりました。進学塾に通っていたので、勉強は塾に任せていたそうです。

その塾の模試で1番になり、それが東大理科三類を意識するきっかけとなりました。医師になりたいという思いはなく、ただ偏差値がトップということで最難関を目指し始めたのです。

地元中学を卒業後、地元の進学校に合格。この高校は学校祭や運動会など行事がさかんなことで有名で、その活発な雰囲気が好きで志望する人が多いのですが、Iさんは、その雰囲気は好きではなかったそうです。

父親によれば、Iさんは高校に入ってから口数が少なくなり、部屋にこもって勉強をするようになりました。学校の雰囲気になじめなかったせいか、あまり交友関係には恵まれなかったのかもしれません。

・高校3年まで、数学と英語だけを勉強

Iさんは東大理科三類を目指すにあたり、兄が参考にしていた勉強法を取り入れることにしました。高校3年生の1学期まで数学と英語だけを勉強する、物理や化学など他の科目は3年生の2学期からで間《ま》に合う、というもので、高校入学後すぐにR受験指導ゼミナールの通信教育を受け始めます。

そして、高校1年から3年の1学期の終わりまで、勉強は数学と英語だけ。他教科の授業中も、数学や英語のテキストを開いて勉強をしていたそうです。その姿は、同級生たちの目には奇異《きい》に映《うつ》ったようで、馬鹿にされたこともあったようです。

実際、数学と英語はトップクラスの成績でしたが、他の教科は定期試験では赤点で、成績表に2が並んでいる状態でした。親はすでに勉強に口出しをしませんでした

し、高校は自由な校風だったので、個人の勉強法を指示したり、矯正されることもなく、独自の勉強法を貫くことが可能な環境ではありました。

しかし、いざ3年生の2学期になると、その時点の物理の学力を東大理科三類合格まで引き上げることは難しいことがわかり（「そのレベルに達《たっ》するには2年かかる」と言われたそうです）、進路指導の段階で第一志望をあきらめました。それでも、2、3学期の短期間で名古屋大医学部のレベルまで上がり、合格ラインまで乗せることができたのは驚異的です。

Iさんはその年、名古屋大医学部を受けるも、あと数点というところで不合格。浪人時代はK塾に通ったり、家庭教師をつけたりしましたが、効果を感じず、ほとんどを独学で勉強しました。

高校時代に行なっていた通信教育は、わからない部分をFAXで送り解法を得るという部分が気に入っており、浪人中も続けていたそうです。ちなみに、この通信教育は年間30万円ほどで受けることができます。寮に入って予備校に通うと年間300万円ほどかかりますから、お金をかけずに受験勉強する方法のひとつではあります。

Iさんは1浪して再び名古屋大医学部を受験します。東大理科三類は、物理の土台がないことが不安につながり、回避を決めました。しかし、結果はまたもや不合格。幸《さいわ》い、別の国立大医学部の後期日程で合格を果たしました。

Iさんが選択した勉強法は非定型な勉強法だと思いますが、うまくやりきる人もいるかもしれません。もうすこし早く、自分の物理の学力を把握《はあく》し、必要なレベルまで到達する時間がわかれば、結果は変わってきたのではないでしょうか。ただし、その時間も惜《お》しんで英語、数学につぎ込むのがこの勉強法なので、両立はできませんが……。

特筆すべきは、この勉強法をIさん自身が選び、高校3年間、それを信じてやりきったことです。結果は思うようにいかなかったものの、医学部に合格するだけの学力はついたわけですし、一概《いちがい》に失敗とは言えないでしょう。同級生に冷たい目で見られても、くじけずに続ける精神力の強さを持った高校生がどれだけいるでしょうか。本人が選んだ方法で道を開いたことは意義深いと思います。

また、英語と数学が得意であることは医学生にとって強みです。英語の専門書を読む機会もありますし、国際学会では英語のスピーチが求められ、英語は避けて通れませんから。さらに、Ｉさんが入学した大学医学部は留年する人も多く、その多くは数学でひっかかることが原因だそうです。その面でも、ひとまず安心です。

・親の心配

現在、Ｉさんは実家を離れてアパートで一人暮らしをしながら大学生活を送っていますが、自炊などに苦労しており、父親に「自宅から通学できる医学部を受け直したい」とも言っているそうです。

父親は、Ｉさんが医学部に入ったことは喜ばしく思いながらも、自立への道のりが長いこと、精神的、身体的に堅固さが要求される仕事であることが気にかかっているようです。もともとＩさんには医師になりたいという強い意志があるわけでなく、人を救いたい、世の人のためになりたい、という思いも感じられないことから、モチベーションがどこまで続くのか不安だそうです。

「子どもが医学部に入ったからすべてが安心かというと、そうではありません。実際にやってみて合わないこともあるでしょうし、別の道を志すこともあるでしょう。親としては、早く自立して一人前の大人になってほしいのです。高校を出てすぐに就職して、結婚して、孫の顔を見る、というのもいいですよ。医学部だけがすべてじゃない、と思っています」（Iさんの父親）。

3人の子どもたちを育てるなかには苦労があり、親として何よりも子どもが健《すこ》やかに成長してくれることが一番の願いであることを語ってくれました。

最近、Iさんから父親にかかってきた電話では、医学部の附属病院で家庭教師のボランティアを始めたとのことでした。附属病院には重度の障害や病気で入院を余儀なくされ、学校に行けない子どもたちが一定数入院しています。その子どもたちに勉強を教える息子の様子を目に浮かべながら、父親は「あいつがなあ」と驚きながらも、嬉しそうでした。

医師の年収①　医師と歯科医師、薬剤師の比較

医師は高収入のイメージがありますが、実際にいくら稼いでいるのか、大変気にな

図表4 医療系職業の年収比較

職種	平均年収（万円）
医師	1,283
歯科医師	650
薬剤師	538
診療放射線・診療エックス線技師	527
歯科技工士	470
看護師	467
臨床検査技師	462
准看護師	420
理学療法士・作業療法士	395
歯科衛生士	352
栄養士	333

（厚生労働省「賃金構造基本統計調査（2014年）」より）

るところです。その実態を見てみましょう。

厚生労働省「賃金構造基本統計調査（二〇一四年）」によれば、医師の平均年収は1283万円になっています。これを同じ医療系のなかで比べるとどうでしょう。図表4に医療系職業の年収をまとめましたので、ご覧ください。

歯科医師の650万円、薬剤師の538万円などと比べても、医師の年収がずば抜けて高いことが見て取れます。総じて、医師は高収入ととらえていいでしょう。

図表5　開業医の平均年収

診療科	平均年収(万円)
眼科	3,273
耳鼻咽喉科	3,005
整形外科	2,942
小児科	2,916
皮膚科	2,778
外科	2,688
内科	2,540

(厚生労働省「医療経済実態調査(2015年実施)」より)

医師の年収②　勤務医と開業医の比較

医師の平均年収は前述の通り1283万円ですが、実は勤務医と開業医とでは年収に大きな開きがあります。

勤務医は、大学病院の医師と一般病院の医師の二つに大別されます。大学病院の医師の年収は意外と低く、平均すると年収300〜600万円前後です。講師になると700万円台、准教授が800万円台、教授は1000万円前後に昇給していきます。いっぽう、一般病院の医師の年収は平均600〜800万円で、医長になると1000万円、部科長クラスが1500万円超、院長は2000万円くらいです。

勤務医に対し、開業医は診療科により年収が異なりますが、概して勤務医よりも高い収入を得ています。

図表5のように、内科医は2540万円、皮膚科は2778万円、眼科は3273万円などとなっています。

ただし、開業医は、開業すればこれだけ稼げるというわけではありません。どの場所に開業するかによっても異なりますし、患者にウケが悪い開業医はそっぽを向かれます。また、看護師や事務員など病院スタッフを上手に使う力がないと、すぐに辞められてしまいます。開業医は、医師としての能力だけでなく、経営やサービスの力も必要なのです。

女性医師の実像① 内科医Jさん
・長男が3歳の時に休職

女性の医学部入学者が増加傾向にあり、それにつれて全医師数における女性医師が占める割合も年々増加しています。いっぽうで、結婚や出産などで早く辞めてしまう女性医師が多いなど、多くの問題もあります。女性の仕事として、また職場として、医師と病院はどういうものなのか、現役の女性医師2人に聞いてみました。

中学3年生の長女と小学6年生の長男がいるJさんは、地元の医科大を卒業後、東京の病院で2年間の外科研修を積み、出身大学の附属病院の内科に勤務。その後、リハビリテーションに特化した病院、個人病院での経験を経《へ》て現在、総合病院で内科部長を務めています。

Jさんが学生だった頃は、医学部を卒業すると、その大学の医局に入るのが通例でした（ストレート研修）。しかし、医局の垣根を越えて人員を募集し研修をさせ、2年間で全科を回らせる（スーパーローテート研修）病院が全国に六つほどありました。

Jさんはそのなかから東京の病院を選びましたが、教授たちから賛同を得られなかったり、アウトローのように見られたそうです。外科研修をしたのは、内科の選考に漏《も》れたことがきっかけでしたが、外科で学んだ手技《しゅぎ》療法（薬、器具を使わず素手で行なう医療）は大きな自信になったそうです。

ちなみに、現在は医局制度が崩壊したので、医学部を卒業した学生は、自分の行く場所を調べて申し込み、定員から漏れたら、自力《じりき》で居場所を探すのが通常です（新医師臨床研修制度、第5章で詳述）。ですから、Jさんはその〝先駆《さきが》け〟としてキャリアを重ねてきたことになります。

ところで、地方の国公立医学部は、首都圏の医大と比べると偏差値が低く入りやすいため、首都圏から来た学生は卒業すると帰る傾向にあります。医学部の地域枠（第3章で詳述）は大学によって異なりますが、多くても30％程度です。そのなかから、眼科や内科、内科のなかでも循環器《じゅんかんき》、消化器と各科に分かれていくために、医師不足はなかなか解消されません。

地方の国公立医学部は地域医療に貢献することを目的に開設されたはずですが、医局制度もなくなった今、医局に所属して関連病院に派遣されることもなくなり、都会の総合病院を選ぶ研修医も増えつつあります。

外科での研修を通じ、女性にとって外科は時間的・体力的に厳しいと感じたIさん。かねてから動脈硬化《どうみゃくこうか》治療に取り組みたいと思っていたので、大学の医局に戻り、大学附属病院の内科で動脈硬化に関連がある糖尿病の専門医として働きました。その後、リハビリテーションに特化した病院に移りましたが、長男が3歳になった時、保育園に行くのを拒否するなど精神的に不安定な様子が見られるようになり、思いきって仕事を辞め、家事に専念することにしました。

半年ほどすると長男の状態が落ち着いてきたので、今度は比較的ゆったりと仕事のできる個人病院への復帰を決めました。志《こころざし》を持って医療に携《たずさ》わってきた医師にとって、家事のみの毎日は味気《あじけ》なく感じるとともに、効率よくこなさねばならない主婦業の大変さを痛感したようです。

糖尿病の専門医の資格は、患者を診《み》て学会発表をしないと維持できないシステムなので、総合病院でなければキャリアの維持が難しいという面があります。そのためJさんはその個人病院を辞め、現在勤める総合病院に移ることにしました。

・仕事と家庭の両立は可能か？

現在、Jさんの1日のスケジュールは――毎朝6時半に起床して朝食と子どもたちのお弁当を作り、子どもと夫を送り出してから、9時までに出勤。15時まで外来があり、その後に病棟を回って入院指示書を書いたりして18時に退勤。実家で預ってもらっている子どもたちは夕飯をすませているので、彼らを迎えに行ってから塾や習い事へ送迎し、家に戻るのは22時くらい。そこから夫婦の夕食を作り、深夜０～１時には就寝――というものです。

夫は大学の附属病院で出会った医師ですが、同じように働いていても、食事作りと片づけ、子どもの送迎をしているのはＪさんです。夫は19時には帰宅してビールを飲み、家事は洗濯物を畳《たた》む程度。たまにビールを我慢して子どもの送迎をしてくれるそうですが、家事の負担はＪさんのほうが大きくなっています。

働くうえで何より助けになるのは、実家が近くにあることだそうです。現在も子ども２人を預かってもらっていますが、乳児の時は母乳を飲ませるために夜勤中の病院に連れてきてもらったこともあったそうです。

実家の助力なしに働いている女性医師もいますが、内科や外科など「メジャー」と言われる科では、家庭との両立が難しいのが現実です。内科や外科は、眼科、耳鼻科、形成外科などと違い、患者と長時間、関わることが多く、呼び出しも多いからです。

ちなみに、知人の産婦人科希望の医学生は、学生結婚して子どもを産んでから医師になりましたが、家庭のことを考えて、麻酔科に進みました。

Jさんの場合は、多忙を極《きわ》めながらも内科勤務を続け、長女が小学生のうちは朝食を一緒に食べたことがありませんでした。子ども2人を実家に連れて行き、朝食、保育園への送迎、夕食、風呂までをお願いし、夜に連れて帰り寝るだけの生活でした。そのことが影響してか、前述のように長男が一時期、精神的に不安定になり登園拒否になりました。

では、実家から離れている女性医師はどうしているのでしょうか？

だいたい、院内保育園や一般の保育園を利用し、地元の公立校に子どもを入学させるケースが多いそうです。親が参加を求められる頻度《ひんど》が高い私立校や大学附属校などに入学させるのは難しいようです。

マンパワーが足りないことがわかっている医療現場で、誰かが休めば誰かが肩代わりしなければならない状況では、育児で休みを取りづらいと感じる人も多いようです。また、患者がいるのに医師が休むことに抵抗を感じる、まじめで責任感の強い医師もいます。Jさんもそういうタイプでした。

長女の出産時は産前6週目まで働き、産後は8週目から復帰しました。しかし、それが大きく体に負担を与えたそうです。抵抗力が落ちて風邪を引きやすくなり、熱を出すことが続いたのです。無理をしないように、2人目の出産の時にはきちんと育休を取り、子どもと向き合う時間も持つことができました。

女性医師の実像② 産婦人科医Kさん
・パート医師の問題

続いて、女性医師の占める割合が多い産婦人科医を見てみましょう。

現在、20代から30代前半までの産婦人科医の70%が女性です。男性医師は減少しており、実家が産婦人科クリニックで跡を継ぐ意思のある人か、よほど意欲がある人以外は産婦人科を選ばないようです。医学生が職場見学に来ても、現場に男性が少ないので選びづらいのかもしれません。

全体的に女性医師は増えていますが、さまざまな問題も起きています。ある病院では常勤医師の半分を女性が占めるようになったまでは良かったのですが、結婚や出産で次々と退職し、病院の存立が危《あや》ぶまれる事態にまで陥りました。

また、第1章ですこし触れましたが、結婚や出産など数年のブランク後、パートとして職場復帰を果たす道を採る人もいます。たとえば、産婦人科では子宮がん検診や9時から17時までの外来をパートが担当し、急な入院患者がいた場合は常勤医師に任せるというパターンです。

パート医師の募集はたくさんあり、時給で1万5000円から2万円ほど支払う病院もあります。常勤の医師が深夜に呼び出されたり、さまざまな事象に対して責任を負《お》わなければいけないことを考えると、週の1~2日、複数の病院を掛け持ちで働くほうが、時間的な余裕もあり、金銭的にも恵まれているので希望者が増えているそうです。

いっぽう、常勤医師からはパート医師との間に労働格差、経済格差を感じているという声が聞かれます。常勤医師は外来診療の他に、病棟に多くの受け持ちの患者がおり、休日や夜間も緊急の呼び出しがかかることがあります。また診療科によっては手術も行ないますから、かなりの激務です。

このように、女性医師のパート化が進むと、常勤医師の数が減り、医療の質を担保できなくなるという大きな問題をはらんでいるのです。

医師は、どの科でも訴訟リスクがありますが、産婦人科は特にそのリスクが高いようです。患者は「無事に産まれてあたりまえ」と思っているため、多くの産婦人科医がトラブルを経験しています。医師に落ち度がなくても、容態が急変したり術後に合併症を起こすことがあるのですが、そのことを説明しても、「納得がいかない」と詰め寄られるのです。患者の家族が怒鳴り込んでくることも日常茶飯事《にちじょうさはんじ》です。

このような場合、ほとんどの病院で当事者は出て行かないという原則があり、管理職の医師が担当医師の対応と言い分を伝え、謝罪します。それでも収まらない場合は病院の医事科が対応し、だいたいは裁判所に行く前に示談《じだん》となります。

・**実家の援助がない場合**

2人の子どもがいる女性産婦人科医Kさんは、毎朝4時45分に起床し、次男（高校生）のお弁当を作り、送り出しています。その後6時45分に自宅を出て、地下鉄と徒歩で約1時間。8時前に病院に着くと、入院患者の回診を行ない、9時頃から外来か手術に入ります。外来の場合は17時まで切れ目なく行ない、昼食はその合間に10〜15分間でお弁当か食堂ですませます。

通常、手術は1日に3件ほど予定に入っており、長ければ3時間くらいの施術《せじゅつ》になります。17時になると、患者を回って明日の予定を話したりカンファレンスを行なったりして、通常は18時半から19時には退勤します。中間管理職であるKさんは夜、会議へ出席することもあり、そういう時は帰宅が遅くなります。また緊急手術があればそのまま夜勤に入り、退勤時間は未定となるハードスケジュールになります。

当直は月に2回。当直は、朝に出勤すると次の日の朝が来ても帰れず、そこから1日の仕事をこなして36時間ほど働き続けなければなりません。45歳以上になると当直をしなくなるのが一般的ですが、Kさんの病院は難しい患者も多く、当直に入らざるを得ないそうです。

さらに、自宅にいても何かあったら病院に駆けつけなければならない「呼び出し当番」があり、月に2、3回担当しますが、少なくとも月に1、2回は実際に呼ばれるそうです。

1週間のうち、Kさんがお弁当以外で食事を作るのは土日に1回だけ、町の診療所で働いている夫が平日に1回担当し、それ以外の日は塾や部活動で帰りが遅くなる次男が惣菜《そうざい》を買って食べています。就寝は23〜0時頃です。

これだけのスケジュールをこなすには、やはり家族や周囲の協力が不可欠です。現在は月2回に減らしている当直も、腕や勘《かん》が鈍《にぶ》らないようにと月に5回入れていた時期もあったと言います。

小さな子どもと36時間離れていることもつらいですし、参観日、運動会、文化祭などの学校行事も、代わりの医師がいなければ参加できません。当時Kさんがいた病院は小規模なところで、まず休めなかったそうです。Kさんの実家は遠かったので、夫の実家へ子どもを預けて仕事をしていましたが、夫の実家は病院を営《いとな》んでいて両親ともに忙しく、子どもの面倒は住み込みのお手伝いさんが見ていました。

子どもは幼少時さびしく思いながらも、それが普通だと受け入れていましたが、小学校、中学校と大きくなるにつれて、よその母親は家にいるらしいと気づき「僕たちは、母さんの仕事のために大変な目に遭《あ》っている」と言い出すようになったそうです。

そのためか、現在、東大文科二類に通う長男は高校生になった時点で、両親とは違う道に進もうと文系に決めていました。仕事か子どもか——という選択を迫られた時に、常に仕事を選んでいたことは、子どもに大きな負担となっていたのです。

現在は、常勤医師が9人いる大きな病院に移り、誰か1人が平日に休みたいと言ってもカバーできる態勢が取れています。もし家庭と仕事を両立したいと考えるなら、ある程度の人数がそろった大きな病院のほうがいいのかもしれません。

・女性医師こそ、産婦人科医に!

Kさんは地元の国立大医学部を卒業後、沖縄の病院で3年間研修をしました。前述のように、当時は医学部卒業後に専門を選んで医局に入るため、専門外の科は研修できないシステムでした。

しかし、「国境なき医師団」に憧《あこが》れていたKさんは、いつかは医師がいない場所で働きたいと思っていたので、さまざまな科をローテーションで研修できる病院を探し、沖縄に行くことを決めました。1年目は全科を回り、2年目からはレジデント（インターン修了後に臨床《りんしょう》訓練を受ける研修医）を終え、産婦人科を専門に選びました。

産婦人科を選んだのは大学時代に知り合った、ある夫婦がきっかけでした。夫が外科医、妻が産婦人科医で、ネパールでの医療活動を終え、日本に帰ってきた時に知り合い、自宅に呼ばれるほど仲良くなりました。「日本キリスト教海外医療協力会」は、医療が遅れている国に医師を派遣していますが、そこで経験されたさまざまな話を聞くうちに「このような医師になれたらいいな」と思ったそうです。

その後、夫婦は子どもたちが大きくなった頃にもう一度ネパールに行こうと、富士山で登山の練習をしていたところ、奥さんが滑落《かつらく》事故に遭い亡《な》くなられてしまいました。大学生のKさんはショックを受け、彼らがしようと思っていたことを自分が代わりにしたいと考え、憧れていた奥さんと同じ産婦人科を選んだのです。

実際に産婦人科医になってみると、その仕事内容はとてもハードでしたが、Kさんは「特に、女性に産婦人科をすすめたい」と言います。「女性は自分の妊娠や出産の経験を産婦人科医の仕事に活《い》かせるから」という理由です。教科書で読んだ知識をそのまま言うのではなく、経験者として実感したことを伝えるので、患者にも安心感を与えることにつながるそうです。

確かに、他の科であれば、妊娠、出産で休むことはマイナス要素としてとらえられますが、産婦人科の場合はその医師の経験として活かされるのでプラス面が大きいでしょう。もちろん妊娠や出産の経験がなくても、更年期《こうねんき》のことなど、実感をともなったアドバイスをすることができます。

産婦人科専門医になるには、5年の実務経験と筆記試験が必要です。専門医の資格があるのとないのとでは、次の就職がまったく違ってきます。取得できる人は取得したほうがいいでしょう。資格を持っていない人は、研修途中に結婚して妊娠、出産したパターンが多いようです。

そうなると、資格を取るだけの症例数をこなせず、取得できずに、次の就職先がなかなか決められない、という悪循環に陥りがちです。産婦人科医を目指す人は、そのあたりも考慮したほうが順調にキャリアを積むことができるでしょう。

第3章

どうすれば医学部に入れるか?

医学部に合格する子どもとは？

医学部に合格する準備は、早い段階で始めるに越《こ》したことはありません。その準備とは、単に理科系に特化した教育をして算数、理科に強い子どもにすることではありません。一歩進めて、物事《ものごと》を多面的に観察し、考察し、問題解決できる思考力を子どもに身につけさせ、習慣化させることです。

そのプロセスで、まず立ちはだかるハードルは、算数では空間図形、理科では電流、光、音、熱などの日常あまり目にすることのない分野・単元《たんげん》です。また、文系科目では国語の読解です。

学習の過程で伸び悩む子どもの特性を一言で言えば、対象から浮かぶイメージが静止画であること。いっぽう、多面的な思考ができる子どもは、動画のように鮮明で生きたイメージが浮かぶと言われており、そこに大きな差があります。

これは、自分が体験していないこと——理系では目に見えない図形の断面やエネルギーの流れ、文系では文章が表現する未体験の世界——を頭のなかで想像して、問題に取り組めるか否《いな》かの違いです。

野球やテニスの一流選手について考えてみましょう。彼らはモニタリング能力に優れているため、目に見えない自分の姿を正確に把握して、どうしたら良いパフォーマンスができるかを常に考え、細《こま》かい修正を入れながら結果を出すことができます。学習も同様なことが言えます。

このような思考、目に見えないものを見る想像力は、志望校合格の力になるだけでなく、その後もあらゆる場面で活きる能力であり、成長過程の早い段階でこそ育《はぐく》んでおきたいものです。けっして、受験前の付《つ》け焼刃《やきば》で身につくものではありません。小学校低学年くらいからトレーニングをしておく必要があるのですが、それはどのようなトレーニングでしょうか？

たとえば、算数の立体・空間図形の問題を例に取ると、開成、麻布、灘など難関中学で出題される入試問題は、塾で教える定型的な方法や公式をあてはめるだけでは解けないことが多く、その場で仮説を立て、解いていく必要が生じます。

そして、その解法で進まない場合は、別の方法でアプローチし、それでも解けない場合はさらに別の方法を試《ため》す、といくつもの戦略を考え実行していくのです。いわゆる「仮説的思考法」「仮説思考力」が求められるのです。

「仮説思考力」を鍛える

この思考力の有無は、たとえば立体図形ならば、与えられた問題の図形からどれだけ幅広いイメージを見て取ることができるかにあります。図形をただの線画としか見ることができなければ、切断面を想像することができず、問題に対して、定型化されたことをあてはめて解くしかありません。

およそ中学2年生くらいまでは、図形の根本をわかっていなくても、その方法である程度はクリアすることができるので、数学的なセンスは無関係ですが、3年になり三平方《さんへいほう》の定理が出てくると、そうはいきません。そこで、ようやく空間図形をしっかりと認識できていないことに気づく子どもが多く、偏差値が60を超えていても立体を苦手《にがて》とする子どももいます。

高校受験を控えて、その状態では厳しいですし、たとえ公式にあてはめる手法でその場を乗り切ったとしても、高校進学後に学力が伸びないことが多いのです。

空間図形のイメージを身につけるトレーニングで有効なのは、実際に豆腐《とうふ》を切ってみたり、積み木を組み立ててさまざまな方向から観察することです。キューブ型のブロックをいくつも使って立方体や直方体を組み立てると、目には見えないところにもキューブが存在することがわかります。手を動かして組み立て、頭を使って考える、そして今度は実物を使わないで考える、という過程で想像力と思考力を鍛えていくのです。

広い意味で「仮説思考力」を鍛えるには、学校の授業だけではなく、パズルのようなものも有効です。

たとえば、ＡからＥの５人が５桁《けた》の数字を連想し、与えられた５桁の数字とそれぞれが連想した数字を比較し、○や△を表示するというパズルです。そして、「○は入れた場所も正しくて数字も合っている。△は入れた場所がまちがっていて数字は合っている」というルールで記載させ、ＡからＥがどの数字を入れたかを考察していくような問題です。

予測にしたがって数字を割り振ると辻褄《つじつま》が合わなくなり、次々と別の方法を試していくという訓練になります。学校で評価される学力とは一見《いっけん》結びつかないようですが、こういった問題に取り組める子どもはいわゆる地頭の良い子どもで、勉強を続けていくうちに伸びていきます。

このような思考訓練に意識的に取り組ませ、算数の楽しさを感じさせること、また、子どもの思考の伸びしろを邪魔《じゃま》しないよう、自分で考えるように習慣づけていくことは大切です。考え続ける粘《ねば》り強さ、問題に向かっていく姿勢は将来役に立ちます。

事実、前述したパズル形式で出題されたような問題が、国家公務員Ⅰ種試験や医学部入試の適性試験でも出題されていることを考えると、「仮説思考力」は社会に出てからも求められる必要な能力と言えるのではないでしょうか。

幼少期の読書と「できる子」との関連性

思考力のトレーニングには、読書も有効な方法です。読書は生活習慣のようなもので、中高生がある日突然、本好きになることはまずありません。また、本嫌いの子どもをつかまえて無理矢理に本を読ませようとしても、本嫌いを助長するだけです。読書は、子どもが小さい頃から、本に親しむ環境を心がけることが必要です。

私の教え子に、大変な読書家がいました。第2章に登場したEさんです。Eさんに、なぜそれほどまでに本が好きなのかを尋ねたところ、「1歳になった頃から母親が絵本の読み聞かせを行なっていたことが、本好きのルーツではないか」と説明してくれました。Eさんの母親は読み聞かせは知育にも良いという情報があったこと、そして何より母親自身が絵本が大好きであったことから、大変熱心に子どもに読み聞かせを行なっていたようです。

Eさんは2歳を過ぎておしゃべりが上手にできるようになった頃、母親の読み聞かせを10回ほど聞くと、その絵本を最初から最後まで暗唱することができました。両親は、もしかしたらこの子は優れているのではないか、と思ったそうです。もっとも、彼にその記憶はありませんが……。

小学4年生の頃、Eさんは自他ともに認める「本の虫」でした。学校の推薦図書や塾の教材で興味を持った本を読みまくっていたと言います。

当時、父親の職場の先輩の子どもが東大理科三類に合格しました。それを耳にした父親は、わが子の教育に何か役立つことはないかと合格の秘訣を聞いたところ、彼の息子が小中学生の頃は近隣の図書館へ父子で通い、1カ月に段ボール1箱分の本を読んだことを教えてくれました。さらに、題材は自分で選択し小説を書いてみるように息子を誘導し、その小説の感想を父親が述べることを継続していたそうです。

Eさんの家庭では、さすがにこの方法をまねることはしなかったそうですが、Eさんは本を読むことが好きでしたから、父親は「本を読むとすごい人になるぞ」というメッセージを送り続けたそうです。

9〜12歳が重要な期間

子どもが医学部を志望するきっかけは、医療や医師と関わりを持つことから生まれます。医師も、医学生も、自分が病気になった時に助けられた経験をした人がとても多いようです。弱っている時に優しく接してくれた、難しい病気を発見して治療してくれた、という接点が刺激となり、社会における医師の価値に気づいていくのです。

多くの場合、子どもが人、仕事に興味がわき始めるのは９〜12歳くらいですが、その頃に、身近な病気の原因を探ったり人体《じんたい》のメカニズムを知ったり、医療関係者と関わることは意識づけのきっかけとなるでしょう。

最近は、テレビドラマやコミックに出てくる医師に憧れるケースもあり、それじたいは否定できませんが、現場の医師の声を聞くと、そういう学生はすこし現実離れしている面もあるそうです。たとえ、ヒーローのような医師を目指すところから始まったとしても、現実の医療に興味・関心を持ち、地道に学んでいける動機づけがあるといいでしょう。

９〜12歳の頃は見たもの、聞いたもの、さまざまな事象から良い影響も悪い影響も受けます。その最たるものは親です。何気《なにげ》ない発言や行動が、子どもに影響を与えることを忘れないようにしましょう。

以前、理科が苦手な男子生徒の話を聞いたことがあります。もともと昆虫が嫌いで教科書に出てくる絵や写真からも目を背《そむ》けるほどだったので、生物以外の物理、化学はできたものの、点数が伸びず理科全体が苦手だと認識するようになってしまいました。話を聞くと、その子の親も昆虫嫌いで、ゴキブリが出ると大騒ぎしていたそうです。

子どもは無意識に親の影響を受け続けるので、昆虫を気持ち悪がっている姿を見て「昆虫は気持ちが悪いもの」と類型化してしまったのでしょう。なかなか難しいかもしれませんが、ゴキブリが出た時でも「これはコオロギの仲間だから節足《せっそく》動物で夜行性で……」と説明できるような親の姿が望ましいところです。感覚的なことではなく、科学的に分類学上のことを伝えれば、子どもは「そうなのか」と納得し、わからないことや知らないことに興味を広げていくことができます。

同じようなことが数学でも起きています。子どもが数学が苦手だと相談に来る親は、「自分も理系が苦手だったから」と言うことが多く、子どもが悪い成績を取った時も「お母さんも苦手だったからね」と、あきらめともなぐさめともつかない言葉をかけている場合があります。できない理由を突き止めず、自分もできないから子どももできないと思い込んでしまうことが、子どもが「自分は理系向きでない」と思い込んでしまうきっかけとなるのです。

問題に取り組み、解法を探す意欲にブレーキがかかりやすくなると、理系科目は大きな壁となりますから、気をつけましょう。

同学年の友人との関わりも、学習に大きく影響します。勉強ができる子、考え方がしっかりしている子どもから、勉強法など具体的な影響以外に、友人たちが作る空気、文化など無形なものに知らず識《し》らずに影響されることがあります。

たとえば、所属する集団で人体の内臓の写真を見た時に、「気持ち悪い」「グロい」と騒いだり、カエルの解剖《かいぼう》を「残酷だ」「やりたくない」と言う子どもが多かった場合、１人だけ平気だったり、熱心に取り組んだりする子どもは異常だととらえられたり排除されたりする可能性があります。

また、昆虫や内臓を気持ち悪がらないと女性ではない、というような空気のなかでは、女性であることを表現するために昆虫を気持ち悪がる、という傾向も生じます。理科が苦手な女子生徒が多いのは、こういったことも関係しているのではないでしょうか。

好むと好まざるとにかかわらず、存在する全体の空気感と戦うことは難しいですが、一時的に訪れるそのような状況に流されず、過敏になりすぎないように注意が必要です。医学に必要な知識を得るなかで嫌悪感を育ててしまっては元《もと》も子《こ》もありませんし、苦手以前に医師という職業からは離れていくでしょう。

中高一貫校から、医学部へ

医学部に入学するには、早いうちから医学部受験を考えた進路選びが非常に重要です。ここからは、高校別に見ていきます。

国公立医学部はセンター試験の科目の幅広さ、二次試験の難しさという二大障壁があり、これを突破するには、高校に入ってから受験勉強を始めたのでは時間的に間《ま》に合いません。その点、一歩も二歩もリードしているのが、中学受験に成功した中高一貫校に通う子どもたちです。

二〇一五年国公立医学部合格者数トップ30を見ると、1位の東海（愛知）、2位のラ・サール（鹿児島）、3位の開成（東京）と、いずれも私立の中高一貫の進学校です。

中高一貫の進学校では高校2年生の時点で、3年次までの内容が履修ずみですから、高校3年の1年間を丸々受験勉強に使えます。つまり、大学受験には圧倒的に有利なのです。

仮に中学受験に失敗したとしても、一度受験の洗礼を受けているのと、まったく受けていないのとでは、勉強に対する取り組み方が異なります。受験を経験した者はそのまま〝受験戦士〟となり、「東大一直線」ならぬ「医学部一直線」で突き進むことができます。

最近は、公立の中高一貫校の数も増えてきましたが、医学部進学の実績を誇っているのは私立の中高一貫校が圧倒的に多いようです。

私立の中高一貫校に子どもを通わせるには、ある程度経済的な余裕が必要です。そういう意味では、今は国公立医学部に子どもを入学させるには準富裕層くらいまでの経済力がないと厳しいと言えるかもしれません。経済的に恵まれない子どもが国公立大に入っていた時代とは違うようです。

附属高校から、医学部へ

私立医学部に限った話ですが、附属高校から内部進学を目指す道があります。中学受験や高校受験を勝ち抜くのも大変と言えば大変ですが、外部から医学部を受験することに比べれば、圧倒的に入りやすいとも言えます。

たとえば、獨協医科大医学部は定員120人のうち、獨協高校から現役3人、既卒2人の計5人が、獨協埼玉高校からは現役2人が、それぞれ内部進学しています(二〇一四年度)。慶應義塾大医学部は定員113人のうち、5校の附属高校から合わせて40人前後が毎年内部進学しています。

なかでも、アメリカにある慶應義塾ニューヨーク学院は、国内にある附属高校に比べると偏差値が低く入りやすいのですが、慶應義塾大医学部に毎年2人ほどが内部進学しており、お得感のある附属高校としてジリジリと人気が出てきています。

私の教え子も通っていましたが、慶應義塾ニューヨーク学院は毎年夏になると、日本の中学生を対象に「バイリンガル夏期講習@慶應義塾ニューヨーク学院」というサマースクールを開催します。2週間、寮生活をしながら語学授業や映像制作プロジェクトなどを行なうというものです。慶應義塾ニューヨーク学院を一度ご覧になりたい方は、この機会を利用するといいでしょう。

東邦大医学部は定員１１０人のうち、東邦大東邦高校から現役13人、既卒３人が内部進学しています。また駒場東邦高校からは現役・既卒合わせて５人が内部進学しています（いずれも二〇一四年度）。

また、日大医学部は定員１２０人のうち、８校の附属高校から合計18人（二〇一四年度）が合格しています。

内部進学がもっとも確実なのは、川崎医科大附属高校から川崎医科大というルートでしょう。二〇一四年度までの卒業者１６０１人のうち、川崎医科大への内部進学は１４４５人です。実に90・３％が内部進学している計算になります。川崎医科大附属高校は全寮制ということもあり、かかる費用は高額です。しかし、難度がさほど高くないうえに、90％以上が内部進学できるとあって、開業医を中心に高い人気を誇っています。

他にも、帝京大医学部、東海大医学部、近畿大医学部、福岡大医学部で附属高校からの内部進学が行なわれています。

中学や高校、あるいは小学校から私立に進学させられる経済的余裕があれば、附属高校から医学部への内部進学は、非常に有利な選択肢と言えるでしょう。ただし、その場合、子どもが中学や高校、あるいは小学校入学前から将来の医学部進学を考え始めなければ、受験に間《ま》に合わない可能性があります。子どもの将来について日頃からよく話をして、計画的に準備を進めることがここでのポイントとなります。

地方高校から、医学部へ(一般入試)

医学部を受験する大多数は、一般入試を受験します。国公立大の一般入試は、一次試験と二次試験の二つの試験が行なわれます。

一次試験とはご存じのようにセンター試験のことで、一月に2日間にわたり全国いっせいに行なわれます。ほとんどの医学部の受験者は、国語、地理歴史・公民（1科目）、数学（2科目）、理科（2科目）、外国語（1科目）の5教科7科目を受ける必要があります。

二次試験とは大学が個別に行なう試験で、二月下旬に行なうものを前期日程試験、三月中旬に行なうものを後期日程試験と言います。受験生は2回チャンスがあり、前期日程試験で不合格となった場合は、後期日程試験で同じ大学にリベンジできます。もちろん、他大学に再チャレンジするのもOKです。

ただ、後期日程試験を行なっていない大学も多くありますから、注意が必要です。また、山梨大医学部は後期日程試験しか実施していません。センター試験には失敗したが学力は高く、二次試験に自信があるような優秀な学生を集めようという意図があるのではないかと推測されます。

この一般入試を受けて合格するには、高校生活を犠牲にしなければならないような学習の広さと難しさが求められます。言わばセンター試験は幅広さ、二次試験は難しさです。この二つの壁を突破するには、地方の優秀な県立高校に入学してから将来の進路を医学部に定めていては遅いかもしれません。

前にも述べたように、中高一貫校に通う生徒たちは中学1年から受験に向かってスタートを切っています。こうした人たちと少ない席を争うのですから、県立高校の生徒は遅くとも1年からスタートダッシュしなければなりません。厳しいことを言えば、1年や2年の浪人も覚悟しておく必要があるでしょう。

地方高校から、医学部へ(地域枠入試)

このように、一般入試で医学部を目指すのは苦しい茨《いばら》の道です。では、地方高校の受験生にはこの道しかないのかと言えば、そうではありません。ひとつだけ地方高校から有利に医学部へ進める道があります。それが「地域枠」入試です。

地域医療の充実を考え、地域の人材を率先して育てたいという思いから、今や国公立、私立ともに医学部の約80%が「地域枠」を設けています。

地域枠ができる前は、全国の医学生の多くは、都市圏の中高一貫の卒業生が占めていました。彼・彼女たちは卒業後、自分の出身地に戻ってしまうので、都市は医師余り状態に、地方は医師不足状態に陥ってしまいました。これを解消しようと導入されたのが地域枠です。そのため、地域枠で入学した生徒は医学部卒業後、その医学部のある都道府県の病院に一定期間勤めることが条件となっています。

地域枠入試は出願じたいが地方高校出身者に制限されている場合が多く、地方高校出身者に圧倒的に有利です。一部、全国から募集する医学部もありますが、よほどの志望理由がない限り、都市圏からは受験しても合格が難しい可能性があります。

地域枠入試を受けるには、高校での成績が上位にあることが必要です。大学によって基準は異なりますが、基準に合致すれば、高校から医学部に推薦してもらえます。

第2章に紹介したIさんの場合は、英語と数学以外が赤点でしたから地域枠入試を受けることは無理でしたが、Iさんの高校では毎年5、6人は地域枠で医学部に進学しているそうです。

地域枠を利用して医学部を目指す人は、高校入学後、早いうちからふだんの生活を見直し、医学部側の条件を満たすような成績を維持していかなければなりません。堅実に医学部を目指すには非常に有効な方法だと思います。

国公立医学部か、私立医学部か？

一般的に、国公立大を受験する学生は、すべりどめとして私立大を何校か併願します。そして国公立大を不合格になった場合は、いくらか高い学費を払って私立大に入学します。しかし、医学部だけはそうではありません。

医学部の学費が高かった最近まで、国公立医学部を志望する学生が私立医学部を併願することは、まずありませんでした。なぜなら、国公立医学部に不合格になったとしても、私立医学部の学費が高すぎて、とても入れないからです。高すぎる学費が障壁となり、国公立医学部を受ける人と私立医学部を受ける人は明確に二分《にぶん》されていたのです。

それが崩れてきたのが、昨今の状態です。第1章で述べたように私立医学部が学費をかなり値下げしたことで、がんばれば払える家庭が確実に増えてきたのです。今や国公立医学部と私立医学部を併願することが、ごくごくあたりまえのことになりました。すると、出てくる悩みが、国公立と私立の両方とも受かった場合、もしくは受かる実力がある場合、どちらを選んだらいいか？　です。

第2章に紹介したEさんは、横浜市立大医学部（前期試験）が第一志望で、順天堂大医学部、昭和大医学部、慈恵医大、そして山形大医学部（後期試験）を併願することにしました。努力の甲斐《かい》あって、私立は３校とも合格。

私は「もし横浜市立大医学部が不合格になったらどうする？　周囲の人はどう言っているの？　慈恵医大をすすめているのでは」と彼に尋ねました。すると、Ｅさんは「やはりそう思われますか。もし前期試験で横浜市立大医学部に落ちても、山形大医学部の後期は受けないつもりです」と返答されました。山形大医学部にはすでに願書を提出していましたが、Ｅさんには慈恵医大のほうが魅力的だったようです。

また、別の知人は、東大理科三類の前期試験に落ち、千葉大医学部の後期試験に受かりましたが、千葉大医学部には進学しませんでした。どこに進学したかというと慶應義塾大医学部です。

確かに、将来医師になった時、地方の国公立医学部出身よりも、慶應義塾大医学部や慈恵医大出身のほうが洗練されたイメージがあるかもしれません。また、Ｅさんらは２人とも、東京育ちであるため、親も地方の国公立医学部より、学費が高くても都内の名の知れた私立医学部のほうがいいと考えたようです。

国公立医学部の６年間の学費は平均すると約３５０万円です。いっぽう、私立医学部の学費はもっとも安い順天堂大医学部が6年間で約2000万円。その差は1600万円程度にまで縮《ちぢ》まってきました。けっして少額ではありませんが、親がそれでいいと言えば、私立医学部を選ぶ人もかなりの割合でいるようです。

もっとも、学費の安い国公立医学部といえども、一人暮らしをすれば、学費とは別に生活費として、月に10万円以上の仕送りが必要になります。また、医学生は家庭教師のアルバイトをすることが多いですが、地方では家庭教師の需要が都会ほどはないでしょうし、時給も安価でしょう。

都内の自宅から私立医学部に通い、家庭教師で月5万円ほどを稼ぐことができれば、経済的にそれほど悪くない選択かもしれません。

医師国家試験の合格率比較

経済的な観点の他に、国公立医学部と私立医学部のどちらを選ぶかで重要なポイントは、医師国家試験の合格率です。一般的に、国公立医学部のほうが合格率が高いイメージがあるようですが、そうとも言えません(図表6)。

図表6　医師国家試験の合格率

ベスト10

大学名(国公私立)	総数			新卒		
	受験者数	合格者数	合格率	受験者数	合格者数	合格率
浜松医科大(国)	107	106	99.1%	105	105	100%
自治医科大(私)	112	111	99.1%	111	110	99.1%
順天堂大(私)	111	110	99.1%	111	110	99.1%
千葉大(国)	103	102	99.0%	98	98	100%
横浜市立大(公)	85	83	97.6%	83	81	97.6%
鳥取大(国)	77	75	97.4%	72	72	100%
兵庫医科大(私)	106	103	97.2%	101	99	98.0%
京都府立医科大(公)	106	103	97.2%	100	98	98.0%
金沢大(国)	104	101	97.1%	95	95	100%
東京慈恵会医科大(私)	104	101	97.1%	99	98	99.0%

ワースト10

大学名(国公私立)	総数			新卒		
	受験者数	合格者数	合格率	受験者数	合格者数	合格率
久留米大(私)	114	93	81.6%	102	83	81.4%
山口大(国)	106	87	82.1%	95	82	86.3%
近畿大(私)	124	104	83.9%	94	83	88.3%
川崎医科大(私)	126	106	84.1%	112	99	88.4%
高知大(国)	119	102	85.7%	100	94	94.0%
愛知医科大(私)	113	97	85.8%	101	91	90.1%
獨協医科大(私)	135	116	85.9%	121	107	88.4%
東海大(私)	110	95	86.4%	98	90	91.8%
長崎大(国)	110	95	86.4%	99	92	92.9%
帝京大(私)	133	115	86.5%	88	88	100%

※2015年実施の第109回医師国家試験

(厚生労働省「医師国家試験　学校別合格者状況」より)

実際どうなのか、少々〝裏事情〟を述べましょう。国公立医学部は基本的に6年生全員が受験する傾向にあるようですが、私立医学部は成績の悪い学生は受け控えをする大学があると推測されます。

最近の状況はわかりませんが、私が医学部受験予備校の代表をしていた頃、某私立医学部に通う教え子から、高学年のクラスが2クラスに分かれていることを聞いたことがあります。成績が良くて医師国家試験を受けられるクラスと成績がもうひとつで医師国家試験を受けられないクラスです。後者は医師国家試験を受けても不合格になるリスクが高く、そうすると大学の合格率が下がってしまうので受験を控え、翌年にチャレンジするとのことでした。

このように書くと、私立の医学生は出来《でき》が悪いように聞こえるかもしれませんが、けっしてそういうことではありません。私立医学部は学費が高いため、医師国家試験の合格率が低いと、翌年の医学部受験者数がガクッと減ってしまいます。これは、そのような事態を避けるための配慮であり、確実に受かる力のない6年生は医師国家試験の受験を控えてもらうという程度です。

逆に言えば、合格率に敏感な私立医学部のほうが、国公立医学部よりも面倒見がいいとも言えます。一例ですが、金沢医科大は６年生の夏に強化合宿があり、医師国家試験対策を行なっているそうです。また、兵庫医科大は大学に医師国家試験予備校の導入を先駆的に行ないました。

いっぽう、国公立医学部は「放任」と言うとおおげさかもしれませんが、優秀な学生たちの自学自習に任せています。ところが、なかには努力を怠《おこた》る者もいるようで、不合格となって合格率を80％台に引き下げてしまうのです。このように見ていくと、ある意味で、管理体制という視点からは、私立医学部に軍配が上がるかもしれません。

私立医学部ばかりを持ち上げているようですが、もちろん別の視点もあります。大学の研究に対して、国が出す科学研究費補助金（科研費《かけんひ》）が、旧帝大（22ページ）と私立大では段違いである点です。

文部科学省によると、二〇一四年度科研費配分額は、東大がもっとも多く約１６８億円、次が京大の１１０億円、私立大では慶應義塾大が27億円、順天堂大が７億円となっています。科研費が多いほうが研究の幅が広がるため、この点を揶揄《やゆ》して「腐《くさ》っても鯛《たい》」ならぬ「腐っても国立」と言う人もいるほどです。

このように、「国公立医学部か、私立医学部か？」にはさまざまな視点があり、一概にどちらがいいと言えるものではありません。各家庭、各受験生がどの視点を優先するかで、選択する道は異なってきます。ただ、長年にわたり多くの受験生を医学部へ送り出してきた私の経験から言えば、いわゆる普通の家庭に育った子どもは私立医学部には不向きなように思います。

私立医学部には、普通の家庭の子どももいるにはいますが、少数派です。大多数を占めるのが、開業医をはじめ経済的にかなり裕福な家庭の子どもで、着るものにしても食べるものにしても人生観にしても、普通の家庭の子どもとはまったく違います。一般家庭の子どもがその世界に交じり、別世界の話を始終《しじゅう》聞かされることはつらいものですし、卑屈《ひくつ》にもなりかねません。そのような環境下で6年間学業を続けていくことは困難がともないます。

10年ほど前、私の教え子にもそういったケースがありました。両親が無理して10

00万円ほどのお金を捻出し、新設の私立医学部に入学させましたが、周囲が自分と違う世界の人だったことから、居づらくなリ、1年生の秋に辞めてしまいました。

普通の家庭に育った子どもは、一般家庭の子弟も多い旧設の私立医学部か浪人を覚悟して国公立医学部を目指すほうが賢明だと私は思います。国公立医学部であれば、勤務医の子どもはいても、開業医の子どもは多くない可能性がありますから。「国公立医学部か、私立医学部か？」は、当人のこれまでの人生とフィットするかどうかを、第一に考えて選ぶべきかもしれません。

浪人生のための予備校選び

現役で医学部に合格できれば何も言うことはありませんが、狭《せま》き門です。何が何でも医師になりたいのであれば、浪人を覚悟しなければなりません。

浪人生のなかには、第2章に登場したIさんのように、自宅で通信教育などを利用しながら独学に近い浪人生活を送る人もいますが、通常は勉強のペースを作るためにも予備校を活用する人が多いようです。

予備校は大きく分けて、医学部専門予備校と大手予備校の医学部受験コースの二つがあります。それぞれ一長一短《いっちょういったん》がありますから、予備校を選ぶ際には十分かつ慎重に検討しましょう。

多くの受験生から聞き取りして到達した私の考えですが、現役時代に十分に学力を身につけていない人は、最初から大手予備校の門を叩《たた》くことはいかがなものか、と思います。

第2章で紹介したFさんの例からもわかるように、十分な学力がない人が、いわゆる大手予備校（駿台予備校、河合塾、代々木ゼミナールなど）に行くと、本人の資質にもよりますが、実力が伸びないまま、いたずらに時が過ぎる可能性があります。もちろん、学力はなくても本人次第で別の良い方向性が開ける場合もあります。ただ、一般論として、それは難しいと思います。

なぜなら、大手予備校は、基本的に一定レベルに合わせた講義をしているからです。確かに、クラスは学力によって分かれており、下位クラスは基礎的な内容から取り組んでいきます。しかし、Fさんの話にもあるように、下位クラスのモチベーションは上位クラスのそれとはまったく違います。

残念ながら、下位クラスに入学してくる生徒たちのなかには、モチベーションの低い者も一定数います。朱《しゅ》に交《まじ》われば赤くなるではありませんが、クラスが勉強する雰囲気になっていないと、よほど意志の強い人でなければ流されてしまいます。

各予備校の講師の方々に話を聞くと、下位クラスは夏以降、休む生徒が増えるそうです。大手予備校は、医学部専門予備校に比べると学費がかなり安いことから、休んでも惜しくないと感じられるのかもしれません。もっとも予備校の学費を出している親からすれば、とんでもない話ですが。

偏差値が60くらいあり、大手予備校の上位3クラスに入れる人であれば、大手予備校の医学部受験コースも大変効果的だと思います。しかし、下位クラスで、講師の板《ばん》書《しょ》を意味もわからずに写《うつ》しているとしたら、個別対応の指導をおすすめします。そのような人には集団講義は向きません。

私がよく見かけるケースは、複数年浪人したものの、集団講義の予備校に通っていたため、学力がまったく伸びていない人です。そういう人は、最初から個別指導にして基礎学力をつける方法にすれば、勉強の効率性が高まることがあります。

子どもの偏差値が低い場合、親は得《え》てして、有名な大手予備校であれば何とかなると考えがちです。また、医学部に入るとお金がかかることから、浪人にかかる費用はできるだけ安く抑えたいという気持ちが働きます。

その点、大手予備校は費用が比較的安いうえ、学住《がくじゅう》一体《いったい》の快適な学習・居住環境のところもあります。教室のあるビルの高層部分が寮になっており、そこからエレベーターで降りてきて、すぐに授業が受けられる便利さです。これは親にとっては何かと安心です。

しかし、次のようなケースはどうでしょう。某予備校に通う生徒から聞いた話では、授業後、居酒屋に行って飲食をすることが常習化していたそうです。同年代の仲間が集まる予備校は、大学のサークルのように仲間との交流を楽しむ場になる可能性は十分にあります。同じ目標に向かう仲間どうし、切磋琢磨《せっさたくま》するのは大歓迎ですが、一緒に遊び呆《ほう》けてしまっては元《もと》も子《こ》もありません。

予備校の正しい活用法①　個別指導か、集団講義か？

さきほど、個別指導をおすすめしましたが、大手予備校にも個別指導はあります。しかし、担当するのは集団講義の上位クラスを担当する講師ではないケースが多いようです。

個別指導は、講師の力量に左右されると言っても過言ではありません。教える力のある講師かどうかは、予備校のホームページを見れば合格実績が掲載されていますから、ぜひ確認してください。ただ、そういう力のある講師は指導料が高額です。その点も勘案する必要があります。

ある予備校関係者は、「最近、首都圏では予備校ではなく家庭教師を利用する動きが顕著です。時間を無駄にしたくないというのが、その最大の理由のようです」と話しています。確かに、たとえば通学に往復で1〜2時間かかるとすれば、その時間を勉強に充《あ》てれば、それだけ多くの問題を解くことができます。

また、前述のように、予備校で〝悪友〟とつきあう可能性もありますから、自宅に家庭教師に来てもらうことに人気が集まるのにはうなずけます。

ただ、個別指導の講師と同じように、家庭教師にも当《あ》たり外《はず》れがあります。家庭教師の多くは、大学生や大学院生のアルバイトです。もちろん偏差値の高い有名大の学生がほとんどですから、頭の回転も早く知識も豊富です。

しかし、いかんせん学生は、教えることのプロフェッショナルとは言えません。目指す医学部の入試問題の傾向を分析して、「来年はこういう問題が出題されやすいから、こういう対策を立てましょう」とはならないのです。

予備校の正しい活用法② 自主性か、厳しい管理か？

たいていの予備校には自習室があります。私は、この自習室をおおいに活用するべきと考えます。予備校で集団講義や個別指導を受けるだけでは、もったいないです。逆に言えば、自習室が充実していない予備校は避けたほうがいいでしょう。

自習室が朝9時から開く予備校がありますが、これでは遅すぎます。第2章にご紹介したEさんは、早朝に予備校の自習室に行き、英単語の学習や、数学の問題を必ず何問か解くようにしていました。朝の自習室は誰もいません。静かで勉強に集中できます。そういう自分の時間を作れる予備校を、選んでいただきたいと思います。

予備校をうまく活用できない人は、受験で良い結果を出せません。せっかく自習室が朝７時から開いていても、ほとんどの生徒は７時には登校しません。９時でもパラパラです。多くの受験生は朝が弱いのです。だから、朝から始まる本番の試験でも力が発揮できないのです。

「どういう勉強をしたらいいですか？」と質問してくる受験生がよくいますが、勉強の内容よりも、どれだけ勉強を積み上げるかです。結局はそれに尽きます。結果の出ない人は、勉強法ばかりに気を取られ勉強をしていません。受かっていく人はそれだけ勉強をしているのです。

自分が怠《なま》け者だと思う人は、きちんと管理してくれる予備校を選ぶといいでしょう。生徒に厳しい予備校では、「今日何をやるか」「それができたか、できなかったか」を紙に全部書かせ、それについて生徒にアドバイスをしていきます。こういう予備校であれば、モチベーションの低い受験生も毎日決まった時間、勉強をせざるを得ないでしょう。

このような勉強法や管理法の是非《ぜひ》についてはさまざまな意見はあるでしょうが、医学部合格に向けて、勉強が継続的にできる環境かどうかという観点から予備校を選ぶべきだと私は思います。

予備校の正しい活用法③　模試とテスト

予備校では大小さまざまなテストを行ないます。私の教えている医学部受験予備校では早朝テスト、週1回のテスト、月1回の模試があります。こうしたテストを受けることも、予備校活用法として大きな意味があります。

しかし、なかにはテストを受けない生徒も少なからず見受けられます。私が医学部受験予備校の代表をしていた時のこと、大手予備校の模試を年に数回受けさせていました。ほとんどの生徒はこの模試を受けましたが、一部の生徒は姿を見せませんでした。1週間後、そのうちの1人が登校してきて、「先日の模試を受けます」と言います。私は見上げたものだなと感心しましたが、10分ほど過ぎると、「答えをください」と言うではありませんか。これには驚きました。

この生徒のようなことをやっていては、予備校に席を置いていても予備校を活用していることにはなりません。

たとえ問題が解けなくてもテストは受けるべきである、と私は考えています。なぜなら、そのひとつひとつが経験となるからです。

テストを受けない人は、往々《おうおう》にして、「まだ力がついていなくて問題が解けないので受けない」「悪い成績が親に露見《ろけん》するのが恥ずかしいから受けない」と言います。前者の理由は確かにそうです。しかし、それならば日頃きちんと勉強すればよいのではと思わずにはいられません。そういう人は何年予備校に通っていても良い結果は出ないでしょう。

第2章のFさんは、予備校が販売している「センターパック」という問題集を活用したそうですが、これもひとつの方法です。やる気のある者が集まって、センター試験の問題を時間を計《はか》って解くのです。良い仲間と競い合うことができるのは、予備校の非常に良い点です。

ハングリーであれ！

また、大手予備校の良さは、ハングリーな人が多いことです。いっぽうの医学部専門予備校は学費が高いことから、開業医など裕福な家庭の子どもが多く集まっています。経済的に余裕があるので、個別指導もどんどん追加していきます。

ところが、貴重な個別指導の時間に、先生と雑談してすぐに脱線してしまうのも、そういう子どもたちです。今年何が何でも受からないとあとがない、という切迫感《せっぱくかん》が希薄《きはく》ですから、気持ちの強さがなかなか出てきません。なかには5浪、6浪という強《つわ》者《もの》もいます。

普通の家庭に育った子どもにとって、そういう多浪生が周囲に多いことはけっして良い環境とは言えません。一緒につるんで〝ゆるい〟勉強をしていて不合格になれば、泣きを見ることにもなりかねません。

以前、興味深い指摘をした母親がいました。「学費が1000万円ほどかかる予備校、500万円の予備校、そして200万円の予備校と色々な予備校を見ましたが、トイレと教室が一番粗末《そまつ》な予備校に決めました」。

今の子どもたちは清潔で整《ととの》った環境で育ってきており、トイレも教室も机もきれいであることが当然と思っています。某予備校では、「教室のエアコンがカビ臭《くさ》い」と生徒からクレームが出て、あわてて専門業者に依頼して洗浄したそうです。

こういう時代にあって、前述の母親は少数派かもしれません。トイレも皆が学んでいる教室の後方にあり、用をたす音を消すしくみもない。机はギーギー音がする。建物も古い。しかし、そういう環境で勉強したほうが子どもにとっての修練の場になるのではないか、向上心が育《はぐく》まれるのではないか、と考えたそうです。

そして器《うつわ》にお金がかかっていないことから、無駄なお金を使わずに純粋に教えることにお金とエネルギーを注《そそ》いでいるのではないかと、考えたそうです。これも予備校を選ぶ際のひとつの考え方かもしれません。

また、予備校のオーナーや塾長について言えば、的確なアドバイスができる人であることが重要なポイントです。そして、入試情報を豊富に備えていることも必須の要件です。

学士編入学で、医学部へ

昨今、人気が高まり偏差値の急上昇で狭き門となっている医学部ですが、一般入試の受験以外に「学士編入学」という手段もあります。

大学を卒業した学士号取得者が他大学に編入する学士編入学は、募集人数は少ないものの、センター試験や二次試験を受ける必要がなく、科目数も少ないのが特徴です。試験内容は大学によって異なりますが、一般的に書類審査、筆記試験、面接の総合点で合否が決まり、入学後は他大学で取得した一般教育科目は単位認定されるので、改めて単位を取得する必要はありません。

私立の女子大を卒業後、テレビの分野で情報発信することにやりがいを感じ、番組制作会社に就職したLさんは、6年間精力的に勤めたあとに退社。開業医である父親の病院で事務を手伝いながら勉強を始め、東海大医学部に学士編入学しました。

番組制作会社では寝る間《ま》もなく働いていましたが、視聴率至上主義の世界で「もっと、直接人の役に立つ仕事がしたい」と思うようになったと言います。診療はもちろん、医師会の会合、研究会、事務までこなす父親の姿は子どもの頃から刷り込まれており、医療の道はずっと意識していたそうです。そして、大学在学中に学んだ児童心理学を役立てようと、病院で事務を手伝って2年目に、本格的に受験勉強を開始しました。

最初は一般入試を目指し、英語、数学、理科全般の勉強に取り組んでいました。しかし、当時30歳であるLさんは多浪生と同じで、20代で同じ得点の人がいた場合、一次試験で通っても二次試験（面接）で落とされる可能性があり、他の志願者より高得点を取る必要がありました。そこまで学力を上げるのは難しいと考えたLさんは学士編入を視野に入れ、対策を練りました。

東海大医学部の学士編入試験の過去問を見ると、英語はいわゆる受験英語ではなく、口語《こうご》英語の文体で、慣用句も多く出てきます。そこで、TOEFL《トフル》（Test of English as a Foreign Language／外国語としての英語のテスト）や英語検定の塾やテキストを利用して英語力を上げ、高得点を得ることができました。数学の適性試験は、公務員試験用のテキストを使い、時間内に問題を終えるトレーニングをしたそうです。

東海大医学部は学士編入試験を一般入試と区別している節《ふし》があり、受験勉強に専念してきた人とは違う適性を見ているようです。受験のトレンドを追っていない社会人でもチャンスをつかめるようにしているのかもしれません。もちろん、医学部ですから偏差値は最低でも65は必要で、基礎学力がなければ話になりません。

二次試験では3～5個の文章を渡され、それらを読んでひとつを選択し、選んだ内容について10分間スピーチをします。文章を読み、考えをまとめる作業時間が10分間、スピーチが10分間、質疑応答が10分間という時間配分です。

限られた時間のなかでいくつもの長文を読むのは難しいので、大まかに問題文の内容を把握したら、どれを選択するか即決します。その時に忘れてはいけないのが、あくまで医学部の試験であり、話を聞く相手が医学部の先生であることです。

オリンピックや食品のネタなどはとっつきやすいですが、あまり良い選択とは言えません。尊厳死《そんげんし》、安楽死などの話題は重く、面接官から突っ込んだ質問をされることが予想されますが、真摯《しんし》に考えを伝える姿勢は評価につながります。

10分間のスピーチは長く感じられますが、3分間ほどでスピーチが終了してしまった人でも、質疑応答でていねいに考えを伝え合格したケースもあるので、時間にとらわれすぎずに取り組むことが大切です。

入学後の編入生

学士編入生の生活は、やはり勉強に追われることが多いようです。Lさんは想像はしていたものの、厳しいスケジュールのなかで広範囲の勉強をすることに難しさを感じています。

1年次に1年分のタイムテーブルが配られ、それに沿って授業は進められます。1週間ごとの時間割ではなく、この日の午前は生理学で午後は化学、来週の午前は応用物理で午後は細胞学、といった具合に、集中して学ぶ形式です。

骨学《こつがく》の授業では、9時から16時半まで、午前3時間・午後3時間の時間割で3日間集中して学び、2日後には試験というスケジュールでした。前日に他教科の試験があると大変ですが、試験を通らなければ追試があり、そうなると、また次の試験と重なる可能性もあり、どんどん追い詰められていくのです。追試を落とせば留年が決定するのですから、気が気ではありません。

そうした集中講義が、生理学、内分泌《ないぶんぴつ》、神経、運動、感覚器、と広範囲にわたるので、記憶力の高さが求められます。なかには、教授が用意したレジュメ100枚の内容を、2日で丸暗記しなければならないようなこともありました。学内では、先輩などから情報を得て、学内試験の過去問を共有でき、めいめいが試験対策をしているそうです。

Lさんは、毎日16時半に授業が終わると19時半くらいまで図書館で勉強し、帰宅してご飯を食べるとまた勉強をして、夜0時過ぎに就寝。朝は7時に起きて登校する生活を送っています。休日も勉強時間に充《あ》てる生活をしています。

一般入試の入学者は部活動やクラブ、サークルに所属している人もおり、試験前にスパートをかけて勉強をする人が多いそうです。いっぽう、附属高校から進学してきた学生は、勉強にやや苦戦している人が多く見受けられるようです。

また、偏差値が高いから医学部を選んだが、せっかく大学に入ってもこのような勉強漬《づ》けの毎日ではつまらない、と辞めていく学生も稀《まれ》にいるようです。

すんなりと医学部に来た人ほど、医師や医学にそこまでの価値を感じていないのかもしれません。医学部に入れる学力があれば、他の大学や学部にも難なく入れますし、ここで苦労する理由がないと考えるわけです。

私が知る学生のなかに、東大の理系を卒業してから医学部に学士編入した人がいましたが、1、2年で辞めてしまいました。学士編入であっても、医学に興味を持ち続けることができない人は、卒業まで辿《たど》り着《つ》けないのです。

医学部の変化と社会人受け入れ

東海大医学部の学士編入者の多くは、Lさんのような社会人です。看護師、薬剤師、歯科医の経歴を持つ人がそれぞれ1人ずつおり、定員20人のなかでバランスを取っている可能性があります。しかし、いくつかの大学の学士編入の状況を見てみると、基本的に職種は関係ないようです。

学士編入生は、一般入試や附属高校からの進学者と一緒に、同じ学生生活を送ります。学士編入試験を行なっている大学では、多様性を受け入れる雰囲気が特徴的で、年配の人がいても避けることはなく、歓迎会を開催するような大学もあります。子どもがいる女性のために病院職員用の保育室を開放し、保育士に子どもを見てもらえる大学もあり、家庭を持っていることが障壁になることは少なくなっています。

今後の医学部は、学内に大人と青年と子どもなど、さまざまな年代の人がいることが普通であるような、開けた雰囲気を目指す流れにあるのかもしれません。

また、大学によっては、教授、医局員、研修医のピラミッド構造による封建的な体制から脱却しようという動きも見られます。権威が集中するのを防ぎ、健全な医療を目指そうというのです。

アメリカでは、優秀な看護師が患者を診断する権限を持つことが認められており、日本でも病院の混雑を緩和するために、同制度の導入が検討されています。日本ではまだ女性医師の出産後の復帰についてシステムが整備されていない点もあり、これからさまざまな変化が訪れるでしょう。

このようなことも踏まえ、学士編入学を積極的に取り入れている大学は、人材の多様性を活かしていこうとする意識があるのではないでしょうか。

学士編入試験の定員や時期、試験内容は大学によって異なり、変化することがあるので、最新情報をチェックする必要があります。

東海大医学部の学士編入試験も、日程変更がありました。大学によれば、医学部のカリキュラム変更にしたがい、二〇一六年度より1年次後期に専門必修科目が開講されることになり、それにともなって次回の入試は二〇一六年五月実施、入学は同年十月（秋入学）となる予定だそうです。

海外の大学医学部へ

医師になる夢を叶《かな》える道は国内だけとは限りません。現在は、ハンガリー、チェコ、スロバキア、ブルガリア、中国などの海外の国立大医学部を目指す人も増えてきています。たとえば、ハンガリーの四つの国立大医学部では、日本からの学生を積極的に募集するために受け入れプログラムを開始しており、二〇〇六年九月から日本人学生が入学しています。

このプログラムに参加しているセンメルワイス大、ペーチ大、セゲド大、デブレツェン大は、世界的にもレベルが高く、その医師免許はEU（European Union／欧州連合）で共通の医師免許として認められています。さらに、日本の医師国家試験の受験資格もあり、合格すれば日本とＥＵ、どちらでも勤務が可能です。

経済面においても、日本の私立医学部と比較すると、負担は軽いようです。学費は生活費を入れて年間２７０万円ほど。物価が安く、国立大であることが大きく作用しています。

ハンガリーの国立大医学部の入学試験は大学によって若干《じゃっかん》異なりますが、おおむね、英語と生物、化学、物理、１００問の筆記審査と口頭試問、面接審査という内容です。日本語による面接審査以外は英語で行なわれ、トータルで合否を判断します。

筆記審査の問題を見ると、専門的な医療英語が多く難易度が高いため、本コースにいきなり進むには十分に勉強をしないと歯が立たないでしょう。英語で試験を受けることは、医学部進学を考えている優秀な人でも、相当なハードルに感じるかもしれません。

ただ、本コース以外に予備コースがあり、半年から1年をかけて、英語や生物、化学の知識を蓄《たくわ》えて本コース試験の準備をします。医療英語や基礎の生物、化学、物理を授業でカバーするので、予備コースから本コースへの進級率は90％以上にもなります。予備コースで普通に勉強していれば、4大学のいずれかに進学できるようです。

ハンガリー医科大学事務局の石倉秀哉《いしくらひでや》専務理事は「これまでは、英語や学力に不安があって予備コースに入る方がほとんどでしたが、本コースに直接合格する方も増えてきました。本コース合格者は二〇一四年12人、二〇一五年15人です。優秀な方が海外大学医学部への進学を志望する率が高くなってきたことの現われだと思います。日本には、カナダ、アメリカ、シンガポールなどの海外高校の卒業者が一定数おり、そういう方は、より英語力を活かして医学部進学を考えることができます。とはいえ、日本の医学部合格者は9000人いるわけですから、まだまだ微々《びび》たるものですね」と語っています。

さらに、二〇一四年より、ハンガリー政府による奨学金制度も始まりました。この奨学金は、医学部6年間の授業料が免除される他に、毎月の住居・生活費の補助（約3万円）や医療保険が付与されるというものです。二〇一五年度は、入学したほぼ全員の学生（46人）が奨学生に選ばれています。

ハンガリー国立大学医学部進学プログラムは、入学プロセス支援の他、在学中の生活上のサポートや日本の医師国家試験対策も支援するので、入学者数を大幅に増やすことはできないそうです。

「二〇一五年の総入学者数は76人でしたが、二〇一六年は100人を超えるくらいにはなるかもしれません」（石倉専務理事）。

二〇一四年のハンガリー国立大学医学部進学プログラムへの入学志願者の内訳は高校3年生が29%、浪人生が47%、大学生・大学院生・中退者が9%、社会人7%、フリーター8%です。地域は北海道から沖縄までと幅広く、親の職業は開業医13%、勤務医17%、歯科医7%、公務員7%、団体職員7%、会社員27%、会社役員7%、自営業12%、その他3%です。

私は最初、医師の子どもで日本の大学の医学部進学に難しさを感じた生徒が、語学も学べるという利点に惹《ひ》かれて志望しているのだろう、と想像していましたが、必ずしもそうではありませんでした。

意外にも会社員の親が多く、現役の高校生が、最初から日本の大学ではなく海外の大学を選ぶパターンが多いのです。男女比は平均すると半々。1期生は女性が60～70%でしたが、現在は男性が60～70%となっています。

入学者のなかには、医師の夢を持ちながらも理系科目が苦手だったことから、医学部をあきらめて別の学部に進学後に再度チャレンジした女性の例もあります。金銭的に国公立医学部しか受けられない状況で、いつ合格できるか見通しが立たない日本の大学より、まったくの未知数であっても医学を学ぶチャンスをつかめる場所で挑戦しようと決意したそうです。

彼女は大学でスポーツ医学を学んだあと、学習塾でアルバイトをしながら受験勉強を進め、見事センメルワイス大に合格・卒業し、現在は日本で研修医として働いています。

二つの医師免許を持つ意味

ハンガリーの国立大医学部では、卒業試験が医師国家試験になっており、パスしなければ、卒業も医師になることもできません。試験は六月、八月、十一月の3回あり、3回不合格になると一年生からやり直さなければなりませんが、そのようなケースはほとんどないそうです。

試験は筆記試験が1日、その1週間後に実技と口頭試問が行なわれます。日本の医師国家試験はマークシート方式の筆記試験が3日間行なわれますから、それに比べて筆記試験の分量は少ないですが、口頭試問が多く、何を聞かれるかわからないというプレッシャーがあります。

その後、無事卒業した学生のほとんどが日本に戻ります。そして、日本での医師免許を得るために、6カ月間医師国家試験の勉強をします。事前にサポートとして日本の医師国家試験対策テキストをハンガリーへ送付していますが、現地ではなかなか時間を取れないようで、帰ってきてからの6カ月間が決め手になります。ほとんどの内容は英語で問われていたものが日本語になるだけなので、格別難しいという声は聞かれないようです。

二〇一三年六月に卒業した1期生7人のうち、1人はイギリスの大学院へ入学。他

6人のうち4人が二〇一四年二月に行なわれた日本の医師国家試験に合格し、2人の不合格者も二〇一五年に無事合格しました。二〇一四年六月に卒業した2期生は13人。そのうち11人が日本の医師国家試験に合格しました。

現在、日本の医療は高度に発展し、高額医療制度も充実しています。いっぽうで、高齢者に対する無駄な検査や治療が増えているという指摘もあり、多くの課題を抱《かか》えています。たとえば、終末期医療についてさまざまな疑問が投げかけられていますが、医療の幅を狭《せば》めてしまえば、回復の見込みがある患者の命をあきらめてしまうことにもつながり、判断が難しいところです。

ハンガリーで医療を学んできた学生に話を聞いたところ、日本ほど豊かではないハンガリーでは、回復の見込みのない人には高額の医療を行なわない場合もあるそうです。そういう意味では、日本の現状は世界的に見るとかなり恵まれています。

これからの医師には、多様な価値観とそれに対する吸収力が求められます。6年間をハンガリーで過ごしてきた学生には、その潜在能力があり、魅力的な人材として活躍していくことが期待されています。

第4章
プロが分析！
医学部入試の傾向と対策

医学部入試の特殊性

医学部入試は、他の学部と比べるとかなり特殊です。

その第一は何よりも、入学試験と就職試験が一度になされる点です。あたりまえですが、医学部は医師を目指す人が入学する場です。主に大学入学後に進路や就職先を考える他学部生と異なり、入学前に医師や研究者になることを決めているのです。実際、医学部を6年修めたあと、民間企業に勤める人はよほどの事情がない限り、おりません。

第二に、医師という仕事が人の生命に関わる非常に重い仕事であることです。どんなに学力が高くても、医師としての適性や覚悟のない人が医学部に入学し、医師になるとしたらどうでしょう？　そのような医師に自分の生命と健康を委《ゆだ》ねることができるでしょうか？

臨床医や研究医、病理医など仕事の内容はさまざまでも、ほぼすべての卒業生は医師免許を取得し、医業に従事します。ですから、受験生の審査にあたり、本人に医師としての適性や覚悟があるのか、もしなければ入学を許可するわけにはいかない――

そうした強い信念の下《もと》に実施されているのが、医学部入試なのです。

大学側は一次試験を通過した受験生の能力、適性の他、医業に従事する覚悟を、さまざまな角度から見極《みきわ》めようとします。単に成績が良く、偏差値が高いから受験した、経済的に恵まれていることだけが医師の志望理由であるとしたら、大学側の厳しい審査ではじかれてしまうこともあるのです。

私立医学部の入試傾向

意外なことに、実は、難解なのが私立医学部の入試問題です。私立大学は文部科学省の〝縛《しば》り〟から自由であるため、きわめてマニアックな問題が出題されています。

特に顕著なのが英語で、医学に特化した事柄《ことがら》が出題される傾向にあります。英語の医学論文をある程度読めるレベルの語学力がないと、とても太刀打《たちう》ちできません。

たとえば、日本医科大の二〇一五年の英語の最初の問題は、医療に貢献した医師の人間性について述べられた英文でした。2問目は視覚に関わる脳の機能について、3問目はアメリカのバージニア大で行なわれた心理学的調査の話です。他学部の入試で問われている文学や芸術、社会科学などは出題されていません。

杏林大医学部は、ここ数年の傾向を見ると、「看護と治療のための意思伝達」「難病の子どもを医師にした母のサポート」「医師にとって必要不可欠なもの」「医師の的確な診断と迅速《じんそく》な対応と救命の可能性」「生身《なまみ》の人間による診断決定」「パンデミック（感染爆発）抑止策におけるデータ主導型決定と課題」という、やはり医学的な内容の英文が出題されています。

日大医学部では、盗作について述べられた英文が出題されています。これは、最近、研究現場で問題になっているコピペ（コピー&ペースト）の実情を意識した出題と思われます。また、時代を反映してケア（219ページ）の必要性について記された英文が出題されました。

医者と患者の会話が英会話の問題として出題されることもあります。たとえば、

医師「今日は、検査結果について話し合いたいと思います」

患者「どうだったでしょうか？」

医師「実は悪いお知らせです」などの会話文を読んで設問に答えるケースです。

他にも、「医師の成功と失敗」、「家庭医療が持つ機能」など、多くが医学に関する英文で、それらをある程度スラスラと読みこなせないと、合格は難しいでしょう。

超高校レベルと、医師国家試験を意識した問題

二〇一五年二月、私が教えている医学部受験予備校の事務スタッフから、「昭和大医学部の生物で、とても変わった問題が出題されました」と言われました。

目を通してみると、「tRNAの図を描け。そしてアミノ酸の結合するところの暗号を結合部位の側から、アルファベット3文字で書け。また図中にアンチコドンの部位を示せ」という問題でした。

これはかなりの難問で、多くの受験生は白紙だったのではないかと推測しています。たとえ偏差値が高くても、普通の勉強をしてきた受験生では得点できないでしょう。それくらい特殊なセグメントと言えるのです。

出題される領域が狭く、とてつもなく深い——それが私立医学部の入試問題の特徴です。ちなみに2問目の答えは「ACC」です。

このように、問題のなかには、医学部1年次の生物学か、あるいは生物学科の専門課程で学ぶような内容もあります。高校の生物の教科書の範囲をはるかに超えています。

たとえば、遺伝的多型《たけい》やDNA鑑定に関する内容などが普通に出題されます。また、「光学顕微鏡《けんびきょう》では、どのくらいの距離を2点として認識できるか」というような詳細な数値を問う問題も、好んで出題されます。

これは分解能《ぶんかいのう》の定義で、普通にできる受験生は0・2マイクロメートルとすぐに答えられます。しかし、この問題では単位をメートルで書くよう指示があり、0・2マイクロメートルをメートルに変換せねばなりません。つまり、変換能力も問われているのです。そういう変換がパッとできる人が好ましいわけです。ちなみに、答えは2×10^{-7}メートルです。

いっぽう、数学の特徴を一言で言えば、数字は複雑でも答えがきれいな形をしている問題や解法のプロセスが美しい問題が好んで出題されていると、私は分析しています。

出題形式は、一部の私立大難関校は記述式ですが、多くはマークシート方式を導入しています。受験生が激増して、採点が大変だからかもしれません。

もっとも、一筋縄《ひとすじなわ》で解けるような問題ではありませんから、マークシートだから簡単、という単純な図式とはなりません。しかも、私立大のマークシートには大きな特徴があり、複数の正しいものや、逆に複数の誤《あやま》りの組み合わせを選択肢のなかから選ばせる出題形式です。とても〝まぐれ〟や〝運〟で正解できるしろものではありません。

実は、これは医師国家試験と類似の出題形式です。医師国家試験に対する適性も、この時点で見ようとしているのかもしれません。

国公立と私立の併願か、単願か？

これまで見てきたように、私立医学部の入試問題には独特の傾向があり、私立と国公立を併願するのはかなり難しいと言えます。

もちろん、抜群に実力があって、国公立上位校を受ける人は、私立にも合格するでしょう。しかし、国公立と私立の両方の対策を取ることは能力的にも勉強量としても厳しい。この場合には、私立に特化した対策を取ることが賢明かもしれません。

特殊な私立医学部入試に比べると、国公立医学部の二次試験は一般的・標準的な問題が出題されます。なぜなら、国公立大は、医学部以外の受験生も同じ問題で受験するケースが多いからです。たとえば、医学部と教育学部の受験生が同じ問題を解くケースもあり、総合的な問題とならざるを得ないのです。

そのため、きわめて基本的な問題も出題されることになります。ただし、基本的な問題だけに、医学部受験生の得点は高得点になり、かなりハイレベルな領域で1点、2点を争う戦いになります。

とはいえ、同じ国公立医学部でも、単科医科大の入試は特殊です。私立医学部に近いと思ったほうがいいでしょう。

東京医科歯科大、防衛医大、奈良県立医科大、京都府立医科大、旭川医科大、滋賀医科大、浜松医科大といった単科医科大は、数学や理科が非常に難しいことで知られています。

国公立医学部の入試傾向

国公立医学部は二次試験もさることながら、その前にセンター試験があります。センター試験対策についても簡単に述べておきましょう。

英語は、二次試験を突破できる実力がついていれば、センター試験にも十分に対応できます。逆に数学は、二次試験を突破できる実力があっても、センター試験では時間切れで力を発揮できないという悲劇が起こります。そのため、いかに効率よく短時間で解くかのテクニックが要求されます。

たとえば、積分《せきぶん》の6分の1公式$\frac{|a|}{6}(\beta-\alpha)^3$が使えないような問題が出題されます。ベクトルの問題で、チェバの定理、メネラウスの定理などを記述するような問題も、センター試験では記述の必要がないため、面積として考えて、比を出してしまう工夫も必要です。

こういった問題では、あとで「この三角形の比は何対何か」と聞かれることも多く、二次試験では使わないような訓練も事前にしておけば、時間を上手に使うことができます。こういった対策を、第2章に登場したEさんは『センター試験必勝マニュアル』（東京出版）で学んだそうです。使えない技もありますが、そこは取捨選択をしたようです。

センター試験は一定の周期で同じような問題が出題されるので、苦手分野の過去問に10年分取り組むと、次年度に問われることがわかるようになり、効果的です。

また、時間制限があるセンター試験には、やはり「慣れ」が必要です。十月には各予備校がその年のセンター試験予想問題集を出版しますから、それをやり込むことが有効でしょう。

第2章で紹介したFさんは、問題集についている模試を1日1回取り組んだと言います。ある日はK塾の数学ⅠA、翌日は数学ⅡB、さらに次の日はS予備校の数学ⅠA、数学ⅡB……というように、数学ⅠAだけで16回をこなしました。すると、普通のマーク模試（マークシート式模擬試験）で90点を切ることはなくなったそうです。

もちろん、本番でも安定した結果を残すことができました。まちがえた問題はその分野に穴があるということなので、自分で基礎の穴を埋めていきます。英語に関しては、文法とアクセントだけ20年分の過去問に取り組んだそうです。

ちなみに、二〇一五年のセンター試験から、問題の使い回しが解禁になり、同じアクセントや発音の問題がけっこう出題されるようになりました。予想問題集でもかぶる問題もかなり多いでしょうから、ぜひ取り組んでみてください。

アクセントや発音でまちがえる部分は、すでに癖《くせ》になっており、同じようにまちがえる可能性が高く、ノートに書き出し、ひまがあれば呟《つぶや》くようにして直していくのも効果的です。

私の出題予想が当たる理由

毎年、受験が終わると、予備校で教えている学生たちから「先生、講義で予想されていた問題が出題されました！」という報告が寄せられます。なかには、「なぜ、こんなにも問題が的中するのですか」と訝《いぶか》しく思う受験生もいるようです。

しかし、これは魔法でも違法でもありません（笑）。

私は、各校の過去問を最低でも10年分ずつ用意して、どの分野から出題されているかを表にして分析します。表にすると出題傾向が一目瞭然《いちもくりょうぜん》です。その傾向を分析して、翌年はどの分野から出題されるか、を予想していくわけです。

このようにして、各校の過去問を徹底的に分析しているから、予想が当たるのであって、ごくごく普通のことなのです。

私立医学部が特にそうですが、各校がそれぞれ特色ある出題をするのが医学部入試です。逆に言えば、各校の試験の出題傾向がまったく異なるからこそ、むしろ予想ができるのです。

種明《たねあ》かしをしてしまうと何でもないことですが、受験生は意外にこのような地道な作業が苦手です。しかし、少なくとも志望校については、過去問を分析することをおすすめします。自分で分析できない人は、高校や予備校の先生に分析してもらいましょう。

科目別勉強法　英語

・1日30分間の英単語暗記

ここからは、各科目ごとに具体的な勉強法を説明していきます。まずは英語から。

第2章で紹介したEさんは早い時期から、次の勉強法を２００～３００日間続けることで結果を出したと言います。

まず朝、塾に着いたら、英単語を30分間暗記する——これを続けるだけで、英文を読むスピードが格段に上がったそうです。

英文を読む時にわからない単語があると、そこでひっかかってしまい、どうしても読むスピードが落ちます。この単語はどういう意味なのか？　わからなくてもいい単語なのか？　と判断するだけでも時間を消費してしまいます。しかし、知っている単語が多ければ多いほど、そのようなひっかかりはなくなります。読解スピードが上がり、時間が余ることで見直しもでき、点数が上昇するのです。

英語に苦手意識がなかったEさんならではのことでしょうが、英文読解の練習には時間を割《さ》かなかったそうです。受験する私立医学部4、5校分の過去問を2、3年分解き、本番の試験を繰り返していると、英文の読解スピードがさらに早くなり、本命の大学を受けるまでの期間に、英文読解能力は上がっていきました。

「毎日のように英文を読んでいたのは、私立医学部を受けている期間だけでした。読んでいたらけっこう早く読めるようになったので、毎日英文を読むのは大事なんだなと、その時に気づいたんです」。

Eさんが受験した医学部の試験問題の英文中に、「elk（エルク）」と「antlers（アントラーズ）」という単語が出てきました。最初は意味がわからなかったそうですが、英文を読み進めていくうちに、アントラーズが「角《つの》」で、エルクが「角のある動物」だろうと想像できたそうです。

当然ですが、試験では知らない単語が出てくる可能性が多々《たた》あります。そのなかで、わかる単語数が多ければ多いほど、わからない単語への推測の精度が増します。そういった意味でも、語彙力《ごいりょく》をつける毎朝30分間の単語の学習は有効でしょう。

・長文読解は止まらずに読み進めよ

英語の長文を読むスピードは、ネイティブ・スピーカーでもない限り、大差はありません。差が生まれるのは、わからない文章に出くわした時に「これってどういうこと?」「この『that』はどこにかかっているんだ?」と立ち止まり、読み直すからです。

読み直せば、読解スピードは落ちるので、難しい部分でも立ち止まらず読み進める力をつけることが必要です。それには、参考書や授業でわからない英文にぶつかるたびに、主語（Subject）、動詞（Verb）、目的語（Object）を記していくことが力になります。いわゆる精読です。

英語の長文は誰でもやっかいなものですから、つまずく部分で立ち止まらず読み進めれば、アドバンテージになります。

Eさんは1年間の勉強で、この部分を強化し、読解スピードを改善したそうです。主語と述語で完結したあとに続くthat節《せつ》が最初の名詞にかかったり、節のなかにもうひとつ節が入っている連鎖関係詞節など、日本人には難しく感じる文法のパターンに慣れるために、1文ずつきちんと読めるようにして、長文でのつまずきをなくすようにしました。

目標にしたのは、参考書『ネクストステージ』（桐原書店）に出ている英文法、語法をすべて覚えることでした。もちろん掲載されていない語法が出題されることはありますが、他がしっかりできていれば、合格点はクリアできると考えていました。最近、日大医学部や昭和大医学部などでは、医者と患者の会話のような口語英語を使用した出題が多くなっています。しかし、このような問題は文章構造をしっかり分析し、論理的に考えれば、たいていは解けるので、センター試験対策で十分です。

簡単な問題について、対策に時間をかけるとキリがありませんが、その問題が頻出する大学を志望する場合、準備はしておきましょう。この場合ならば、口語英語に慣れておく必要があるかもしれません。

また、順天堂大医学部や慈恵医大で出題される自由英作文で気をつけたいのは、内容よりも文法のミスをなくすことです。まず、単数形か複数形かに気をつけましょう。先行詞が複数形なのに、「which is」と書いてしまうようなミスはいけません。自由英作文は、おそらく減点式の採点方式なので、自分が書きたいことを書くよりも、多少稚拙《ちせつ》でも、自分が書ける内容を書いたほうが点数を稼げます。

順天堂大医学部の一般入試とセンター試験利用入試の両方で英作文が必要だったEさんは、論文に出てくるような英文でなくてもいい、中学3年生程度の英文でもいいと考え、ミスをなくすことに注力したそうです。

実際の試験問題は、センター試験利用入試が「あなたが考える世界を大きく変えた発明は何だと思いますか。その理由は」というものでした。Eさんは最初、インターネットか携帯電話について200語ほど書こうと思ったところ、要素が足りないことに気づき、スマートフォンについて取り上げ、インターネットと携帯電話の両方の要素を記述しました。

まずは、携帯電話ができたことで、どこでも歩きながら連絡できて待ち合わせでのすれ違いがなくなったことを指摘しました。そして、インターネットに関しては、遠く離れたヨーロッパでプレーするサッカーの本田圭佑《ほんだけいすけ》選手のゴールをリアルタイムで見られることなどの具体例を入れて膨《ふく》らませ、情報を共有できることで一般の人々が世界の問題を考える機会が得られたことを記述しました。

一般入試では「迷信はなぜ、今なお人々の心を惹《ひ》きつけるのか」という内容が出題されました。医療の歴史が300年ということで、とげぬき地蔵の信仰など医療に寄せた内容にすることも可能だったかと思いますが、普通の英語問題と合わせて80分間の制限時間のなかでは、その余裕はなかったようです。

実際に記述したのは、人は科学的に理解不能なことに出くわした時に、すべてのことを因果関係で結びつけたがる傾向があるという内容でした。

13日の金曜日に立て続けに不幸が起こると「13日の金曜日は何か不吉なことが起こる」と信じ始める例や、親が信じている迷信を子どもに伝えることで、子どもが信じてしまい次の世代に継承される、という点に触れました。自身を振り返り、今まで迷信などに無関心だったが、ふと気がつくと夜に爪《つめ》を切るのを避けていたという事実を挙げ、幼少時から母親に「夜に爪を切るとヘビがくる」と言われていたことが心に残っており、無意識に避けていた側面があることも記述しました。

このように、最初に結論を述べ、具体例で膨らませるという手法で行数を稼いでいきました。英作文の訓練は、自分では気づかないミスが多くなるので、指導者に添削《てんさく》してもらうことも有効です。

科目別勉強法 数学

・テキスト選びをまちがえれば、ジ・エンド

最近の国公立医学部の試験問題は、数学Ⅲの内容が多く出題される傾向にあります。新課程で行列《ぎょうれつ》が範囲外になったことで、ベクトルの比重も高くなったようです。ベクトルは図形問題と絡《から》ませやすいので、何かと融合問題として出題されることもあります。数学Ⅱの軌跡《きせき》と領域《りょういき》も頻出《ひんしゅつ》です。

もっともコンスタントに出題されているのは、場合《ばあい》の数《かず》と確率《かくりつ》です。慶應義塾大医学部や慈恵医大では毎回、出題されています。数学Ⅲの微分積分《びぶんせきぶん》、場合の数、確率、確率漸化式《ぜんかしき》が苦手だと、合格は相当難しくなります。

数学Ⅰの整数問題は二〇一五年から新課程で範囲内になり、今後増える可能性があります。二〇一五年のセンター試験でも整数問題が出題されました。各校によって内容は異なりますが、千葉大医学部などは難しい整数問題が出題されます。

同様に、複素数《ふくそすう》も二〇一五年から範囲内になったため、二〇一六年から多く出題されることが推測されます。難解な問題が容赦《ようしゃ》なく出題されるかもしれません。

私立医学部の入試問題は、範囲内から万遍《まんべん》なく出題される傾向にあります。ですから、勉強法としては「浅く広く」が重要です。

問題集「1対1対応の演習」シリーズ（東京出版）は、膨大《ぼうだい》な量を扱う「チャート式」シリーズ（数研出版）の中間程度の内容を組み入れた内容で良いのですが、解説が心許《こころもと》なく、学校や予備校の先生に聞きながら進めることが必要です。

第2章で紹介したEさんは、予備校のテキストを中心に勉強したそうですが、S予備校のテキストは私立医学部受験に関しては難しく、Z会も難しく大量だったことから、自分には向かないと判断しました。

また、現役生の時に単科医科大向けテキストにも取り組みましたが、問題文から見えてくる解法の選択肢が多く、解説を見ても「この解法の選択肢を選ぶにはどうしたらいいのだろう？　神のお告《つ》げでもなければ無理か……」と思えるような問題が半分以上を占めており、そのテキストに時間を割くのはやめたそうです。

これらは、現役で東京医科歯科大や東大理科三類に受かる人であれば、１００のレベルを１０５に上げるのには役立ちます。しかしながら、50くらいのレベルの人が取り組んでも50・3くらいにしかならず、意味のない難しい問題と言えます。

もちろん、考える力はつきますが、時間のロスが多いため、目的に合わなければあえて選択する必要はないでしょう。数学は、自分の実力に合ったテキスト選びが何よりも重要なのです。

科目別勉強法　物理

・物理、化学はストーリーを読み解け

英語と数学は個人の努力が大きなウェイトを占めますが、物理と化学は、どのように教えられたかが成績に大きく関係します。

たとえば、化学では、中学受験のように線分図《せんぶんず》などで図解して解く方法で「ストーリーを理解する」と、うまく解けます。高校では方程式で解くのが一般的ですが、混乱しやすいので、まずは図で理解する頭の使い方に慣れましょう。そして、問題文で述べられている実験の意味を、ストーリーとして理解することです。

物理の場合、原子《げんし》などは特にそうで、標準的な問題は4、5個しかストーリーがなく、それを全部理解していれば、考えていく方向性が見えてきます。ストーリーとは決《き》まり事《ごと》、形式、公式であり、物理・化学全体でも50～100個のストーリーしかありません。

単振動《たんしんどう》だったら、中心がどこにあるかを特定し、そこからx軸を引き、そこを0と置くと、重力を無視でき、問題が解きやすくなります。

電磁気《でんじき》だったら、導体棒《どうたいぼう》という鉄の棒を磁場《じば》がかかっている状態で落とす時に、導体棒をnとして力の図を描き、その二つの式からさまざまに考えていくストーリーを頭に入れておけば、「とにかく二つの式を書こう」と、そこを切り口に問題に取り組んでいくことができます。斜《なな》めだったり、摩擦《まさつ》があるなど条件を付加されても、基本の式にプラスされるだけです。

ストーリーが見えていれば、解くスピードと正確性が上がり、試験本番で見たことがないような問題が出題されても、突破口がある安心感を得られます。

これは成績上位者なら、皆知っていることであり、約束事ですから、押さえておかねばなりません。このような「枠組《わくぐ》み」を与えられた指導を受けていれば、私立医学部はほとんど対応することができます。

・パターン化された問題で土台を築け

前述のFさんは当初、基礎力のなさを感じるとともに、知識の土台の重要さを痛感したそうです。あやふやな知識のうえに新たな知識を積み重ね、ミスを続けるという、数学に起こりがちな症状が、物理にも起こっていたのです。

そこで、まず、あたりまえと言われることをひとつひとつ確認していきました。基本のさらに下にある「本当にわかっているか」という部分にていねいに取り組んでいったのです。

そのために使用したのは、基本となるテキストの他、指導を受けている講師が作成したオリジナルの問題でした。50～60のパターン化された問題を解くことで、物理の「型」をマスターしました。その「型」をマスターしたことで、そこから派生する問題も解くことができ、メキメキと力がつきました。

これを三月から五月まで繰り返したことで土台が強化され、十月には物理に対する抵抗がなくなりました。そして、本番でも満点を取れるような大学が二つ三つあったそうです。日大医学部はひとつのミス、埼玉医科大の前期は満点など、苦手科目を得点源へと変えたのです。

これは、高校受験までの英語が全部わかっていれば、やさしめの地方の国公立大の英語は戦えると言われているのと共通しています。中学で習うような要素は、それ以降の学習内容につながる基礎の基礎です。

「何年も浪人しているような人は、その部分が抜けているのでは」と、Fさん自身が実体験から語っています。逆に言えば、中学受験を経験した人が大学受験に強いのは、その基礎の基礎が安定しており、ぶれないからでしょう。しっかりとした土台が形成されているからこそ、その上に知識がきちんと乗り、安定した成果を得られるのです。

・大事なのは、立式《りっしき》に手間《てま》をかけること

知人で、医学部系の物理を指導している講師は、物理の勉強法のもっとも重要なポ

イントは「立式に手間ひまをかけること」と言います。「手間ひま」とは、物理の概説を理解し、自分の頭で解法に近づくことです。

物理は、公式を適用する解法だけでは成績は伸びていきません。すぐに微積分を適用する方法は、安定性も確実性もあるのでニーズがありますが、そればかりしていると高校生向けに手心《てごころ》が加えられた問題は解けても、初見の問題に出合った場合の対応が難しくなります。

もともと、問題文のなかに、積分が必要になった時には積分の説明が、近似《きんじ》計算が必要になった時には近似計算の数学的な説明が織り込まれており、それらを知識として求めてはいません。求めているのは、問題文が与える設定の特殊性を見抜く能力で、そこから立式することが必要です。

たとえば、公式に用いられている文字のなかで「0」のものがあったら、問題文のなかから「これが0だ」と見抜かなければならないのです。

物理は、ある固定された状態を分析するような問題はあまり出題されず、どのように変化しているかを追える力が問われます。つまり、変化前と変化後の比較をしなさいというのが主眼です。その比較をするための準備をすると、正しく立式できます。物理の法則には、時間の要素が入っているので、そのなかで一定のものを見抜いて、上手に立式しなければならないのです。

・物理の本質は概説にあり

物理の授業は一般に、概説と問題演習で構成されています。概説はたいてい問題演習の前に行ないますが、高校生には退屈に感じられるようです。教師からすれば、概説がわからなければ問題は解けないと考えるのですが、先に問題を解かせたほうが結果が出ることもあります。

しかし、この「ただ解ける」状態は、きわめて危険なのだそうです。1回問題が解けてしまうと、概説に戻ってくる生徒は少なく、概説に関して心を閉ざす懸念《けねん》があります。解けないもどかしさがあって、はじめて理解できることもあるのです。

言うならば、概説は身近ではないものを無理矢理、頭に入れて視野を広げる訓練であり、あらかじめ答えが出るように作られている問題演習は、〝偽《いつわ》りの身近さ〟を持ち、機械的に解ける方法を教えているようなものです。

特に、初歩的な問題では手続き的知識で「ただ解いている」可能性が高く、それでは本質的に物理を理解しているとは言えません。

たとえば、将棋で定跡《じようせき》を覚えてしまえば、ある程度は勝つことができるでしょう。しかし、上級者と戦い、定跡からはずれた手を指されると手も足も出なくなるのが初心者です。公式を覚えることは駒《こま》の動かし方を知っているにすぎない、というわけです。

ちょっと横道に逸《そ》れますが、「面倒だ」「時間がかかる」と思いがちなことに手間ひまをかけることで、医師としての能力を確立した例をお話ししましょう。

Mさんは研修医時代、患者がどう見ても風邪の症状であっても、風邪以外のすべての病気の可能性を挙げるまで、指導医が許してくれなかった経験をしました。そして、60歳を過ぎた今でも、その手間ひまをかけないと違和感があるそうです。

ただし、研修医時代はデータを集めて検証するのに１~２時間かかっていたのが、今では一瞬でできるそうです。死ぬかもしれない病気、緊急性がある病気すべてのイメージを頭のなかに挙げ、それらを「胸膜炎《きょうまくえん》らしくない」「急性肝炎らしくない」「麻疹《ましん》や風疹《ふうしん》らしくない」と否定していき、風邪以外の選択肢が消えたところで、はじめて「風邪」と診断するのです。「何だかわからないから、風邪」と診断するのではありません。

ちなみに、致死的疾患の現われとしての頭痛は、外来診療に訪れる人の1％以下ですが、見逃してしまえば、死んでしまう事態なので、その他多くの頭痛と見分けなくてはいけません。

そういった意味でも、「医師を志す受験者は他の理系の受験生と違い、手間ひまを嫌がらない感覚を持っているのでは」と、指摘する物理の講師もいます。

物理が嫌われる理由に、身近でない概念を自分のものにしようとする科目である点が挙げられます。

たとえば、電気は実際の生活では動いて作用する現象（電気掃除機《そうじき》、換気扇《かんきせん》、電気自動車など）は身近ですが、金属の線のなかを飛び回る電子という小さな粒子の流れは認識しづらいでしょう。しかし、現象の延長線上で、電気の本質を説明するのは不可能です。ですから、本質的なものを好み、抽象的な思考ができ、先人たちが探求した知識の根源にさかのぼることが好きな人が、物理を理解するのに向いています。

「物理がわからない人は、何をやっているかわからない人、やっていることの価値がわからない人の2種類」とは、物理の講師がよく指摘することです。たとえば、「数式変形はわかるけれども、だから何?」と思う人は、継続した学習ができないので、難問が解けるところまで到達できないでしょう。

「物理は、自分の頭で考えて立式する手間ひまをかける喜びを知らなければならない」と気づけば、1、2カ月で見違えるほどできるようになります。解き方だけ覚えることに重きを置く勉強法には、注意が必要です。

科目別勉強法　化学

・分子量は丸暗記せよ

化学の分野は、無機《むき》化学と有機《ゆうき》化学に分かれます。勉強法としては、知識を完璧にすることが大前提です。知識問題で減点されていては話になりません。どんな問題が出てもぶれない知識が必要で、その知識から論述したり解答の糸口が見えたりする問題がほとんどです。実は、論述問題もその多くはオーソドックスなことを問うものです。努力すれば身につく知識に対して、労《ろう》を惜しんではいけないのです。

比《ひ》の概念については、多くの問題を解くことで訓練したほうがいいでしょう。先に述べたように、有機化学以外の計算は中学受験と同じように線分図や比例計算のように解いていくのが有効です。

また、有名な分子量は覚えてしまったほうがいいケースもあります。たとえば、問題文に「化合物Aは分子量238だった。それを加水分解すると片方は分子量が80だった」と記載されていた場合、もう片方の分子量は176ということになり、それは何かの酸《さん》に2を足しただけ、と気づきます。すると、答えは2個ほどに絞られ、問題を読んだ瞬間におおよその見当がつくのです。

二〇一五年の横浜市立大医学部では、問題文に「分子量が116の物質ができた」とあり、Eさんは「それはマレイン酸しかない」と一瞬でわかってしまったと言います。後半の記述で確認し、「やはりマレイン酸でまちがいない」と確信を持つことになります。

分子量を覚える人はあまりいませんが、私はこれはいい方法だと思います。Eさんは、出合った問題に分子量が出てくるたびに覚えるようにし、乳酸は90、アラニンは89という具合に、10個ほど頭に入れていたそうです。

いっぽう、Fさんは化学が苦手で、浪人3年目の秋の模試まで偏差値が47の状態が続きました。伸び悩んでいた時、ある講師と出会い、「化学は暗記ものをマスターすれば即効性がある。やったもの勝ちだよ」と、データベースから単元ごとに抜き出してまとめたプリントを渡されました。

それを3カ月間繰り返したところ、点数を取れるところで確実に稼げるようになり、問題を見た瞬間に「ああ、あのパターンか」と、勝手に引き出しが開くような感覚が生まれたそうです。これは、1冊の参考書をやり込むよりは、色々な問題にあたって経験を積むことが重要であることを示しています。

その成果が出て、翌年の模試では偏差値が70になりました。何よりも自分が解ける実感を持てるようになったことは大きな喜びだったそうです。

・無機化学と有機化学で異なる得点法

無機化学の反応式は、大きく分けて150本ほど。それを、さらに5個のストーリーに種類分けすることができます。ひとつは中和《ちゅうわ》反応で、この一般化した形式が理解できると、見たことのない反応式も20〜30本書くことができます。弱酸遊離《じゃくさんゆうり》反応、酸化還元《さんかかんげん》、熱分解《ねつぶんかい》、沈殿生成《ちんでんせいせい》反応も同様です。

基本から派生させて、見たことがない反応式まで覚えていなくても書けたり、頻出の反応式を使って一般化できる状態にしておくことが、無機化学の勉強の核です。どの科目でも言えることですが、暗記ばかりしていると、バラバラの知識が増えるだけで、いざという時に、引き出しから知識が出てこないことがあります。知識の関連性がないことで、応用問題に対応できない受験生が多いのも事実です。

ですから、知識のつながりを意識することが必要です。個別の知識と理論のつながりを勉強すると、今まで習ったことを使って考えることができます。

たとえば、沸点《ふってん》の大小。ほとんどの受験生は数値を覚えようとしますが、数値だけ覚えても、それしかできません。しかし、沸点の大小を、分子間力《ぶんしかんりょく》の結合の強さの大小と言い換えると、ファンデルワールス力やクーロン力から、その大小を導《みちび》き出すことができます。

問題で問われていることを解く際に、理論にさかのぼってどう解くかを考えれば、頭のなかの〝道具〟が少なくてもさまざまなことができることに気づくはずです。また、暗記量は普通の受験生の半分くらいですむので、余裕が生まれます。

いっぽう、有機化学でもっとも多く出題されるのは、構造決定《こうぞうけってい》です。教科書や問題集に載《の》っている解法が基本で、ある程度の知識量が必要ですが、どう構造決定していくかはパズルに似ています。

Eさんも述べたように、頻出のものをデータベースとして頭に入れておくと、時間や手間を大幅にショートカットできます。

たとえば、問題文に「分子量74」とあれば、できる生徒はだいたい$C_4H_{10}O$か$C_3H_6O_2$の二つに限定し、アルコール、エーテルの話題が振られていたら$C_4H_{10}O$、エステルやカルボン酸の話が出てきたら$C_3H_6O_2$と、ある程度先を見通すことができます。

多くの私立医学部の入試で十分に対応できる知識であり、他の受験生の半分の時間で問題が解けるので、あとは理論や計算に時間を回せる利点があります。

試験会場での特殊なストレス下では計算ミスが増えるので、そちらに時間をかけて取りこぼしをなくすことで、得点を増やすこともできます。

・イコール関係を探せ

化学をマスターするうえで有効なのは、理論は次元《じげん》単位で考えることです。化学の場合はほとんどが一次方程式なので、未知数をxにしてイコール関係を探し、そのイコール関係を各分野の公式として学ぶのです。中和の公式も、酸化還元も、気体の状態方程式もイコールです。

また、単位を見て、次元をチェックすることも重要です。この二本立てで学習することで全体像を区分けできる、と医学部&東大専門塾クエストの松田哲士《まつださとし》講師は語ります。

「たとえば、数学で面積や確率を求める時には、まず場合分けして分割し、わかりやすいところを詰めていきますよね。それらを足して全体像にしたり、求めたいものがわからない時は全体像から余分なものを引いたりします。その発想は理科なら、どの分野でも使うことですし、化学では特にそれが多いと思います」。

このイコール関係の探し方は、応用問題になればなるほど、初見の問題になればなるほど、重要になってきます。

科目別勉強法　生物

・志望校で3タイプに分かれる勉強法

医学部を目指して生物を勉強する場合、志望校別に三つのアプローチが考えられます。この区分けを明確に意識して取り組むと、効果的です。

第一は難関国公立医学部、単科国公立医科大を受験する場合です。このパターンは、学習範囲がもっとも広くなります。多くの受験生が苦手とするセンター試験の考察問題を克服《こくふく》し、そのうえで二次試験に出題される最先端の問題、特に分子生物学《ぶんしせいぶつがく》、植物生理学《しょくぶつせいりがく》、発生工学《はっせいこうがく》などに対応できる実力も養成しなければなりません。これは、時間的にも学力増進の側面からも相当な労力を要するでしょう。

第二は難関以外の国公立医学部ですが、基本的にセンター試験中心の勉強で事足《ことた》ります。それは、これらの大学の二次試験は難度が高くないからです。言わば、ひとつの大学のなかで医学部と他学部の偏差値に開きがあるケースで、入試問題の難度を医学部に合わせてしまうと、他学部の受験生が対応できないため、標準的な知識問題などが必然的に多くなるのです。

第三は私立医学部ですが、実はなかなかやっかいです。先にも述べましたが、マニアックな出題が多く、志望大学の出題傾向を分析して、出題頻度の高い分野を深く狭く学ぶ必要があります。学習内容は難関国公立医学部、単科国公立医科大で出題される最先端の問題ともかぶりますが、私立医学部のほうが、より医学的な出題や人体に関するもの、さらに大学の教養課程で学ぶような内容が出題されます。

一例を見てみましょう。進化と系統の分野で、3ドメイン説に関する深い問題が二〇一五年の帝京大医学部で出題されました。

3ドメインとは、微生物学者カール・ウーズがrRNA（リボソームRNA。RN

Ａは細胞の核や細胞質中にあり、タンパク質合成に関与する）の塩基《えんき》配列を解析して、生物を真核《しんかく》生物（人間や酵母菌《こうぼきん》など）、真正《しんせい》細菌（大腸菌、乳酸菌など）、古細菌《こさいきん》（メタン菌など熱に強い菌）の三つに分類したものです。

私は、受験生に「これは正しい分析だろうけれど、われわれ人間と酵母菌やゾウリムシが同じドメインというのは何かしっくりこないね」とよく話すのですが、なぜウーズが生物の分類にｒＲＮＡの解析を選択したのかが重要です。帝京大医学部では、この理由を問う問題が出題されているわけです。

今回は記述ではなく選択問題でしたので、①ｒＲＮＡは生物の本質に関わる機能を持つＲＮＡなので配列の保存性が高く、遠縁《とおえん》の生物どうしでも配列の比較が可能である、②原核《げんかく》生物、真核生物を問わずすべての種に存在し、機能変化にともなう遺伝子の変異が起きる可能性がきわめて小さい、などから正解を導くことはできます。

しかし、教科書や参考書には詳細に説明されていないので、かなり深く勉強していないと解けないでしょう。医学部の入試難度が加速していることを思い知らされる出題とも言えます。

・難問への対処法と予想

このような状況を踏まえ、どのような勉強を積んでいくべきか。

まず、二〇一五年からの新課程を考慮する必要があります。新課程で詳しくなった諸分野――細胞骨格《さいぼうこっかく》（アクチンフィラメント、微小管《びしょうかん》、中間径《ちゅうかんけい》フィラメント）、モータータンパク質（ミオシン、ダイニン、キネシン）、中胚葉誘導《ちゅうはいようゆうどう》、植物生理、免疫《めんえき》のしくみ――などに関する高度な出題が、これからは増える可能性があります。

ちなみに、二〇一五年の出題内容を概観して、特徴的に感じたのは（例示は私立医学部）、ＰＣＲ法とＤＮＡ鑑定（慈恵医大）、制限酵素やプラスミド（獨協医科大、杏林大、帝京大、福岡大）、免疫システム（順天堂大、昭和大、近畿大）、植物ホルモン（杏林大、昭和大、愛知医科大）、動物の神経やホルモン（獨協医科大、北里大、慈恵医大、日大、東海大、福岡大）、カルビン・ベンソン回路やＣＡＭ《カム》植物（順天堂大）、光化学系《こうかがくけい》（日大）、カルス、ＥＳ細胞、ｉＰＳ細胞（福岡大）、バイオーム（獨協医科大、順天堂大、昭和大、日大）、タンパク質の構造と働き（昭和大、日本医科大、東海大、関西医科大、福岡大）、カエル卵《らん》の表層回転（東京医科大、金沢医科大）、分子系統樹《ぶんしけいとうじゅ》（帝京大、東京医科大）などです。

テーマ名からは普通の出題のように見えますが、それぞれ内容が濃く深い出題ばかりで、今後も狙われるテーマだと思います。

また、先端的研究の一端《いったん》を感じさせる出題や医学的内容に踏み込んだ出題にも要注意です。前者の例としては細胞増殖因子《さいぼうぞうしょくいんし》（日本医科大）、ニワトリの前肢《ぜんし》の発生とＡＥＲ、ＡＭの働き（北里大）、ＲＮＡワールド（昭和大）、バランサー化した遺伝子（杏林大、東海大）、ゾウリムシの繊毛《せんもう》運動とカルシウムチャネル（大阪医科大）、シロイヌナズナのＡＢＣモデル（慈恵医大、日大）があり、後者は循環器系（日大、東海大）、膝蓋腱反射《しつがいけんはんしゃ》（慈恵医大）があります。

例示は、一部の私立医学部に限定しましたが、難関国公立医学部、単科国公立医科大にも該当《がいとう》しますので、これらの分野の教科書や図解を精読し、問題にあたって理解を深めておく必要があります。

意外に思われるかもしれませんが、実は、生物の勉強でもっとも重要なのは、基本となる教科書の精読です。コツコツ読み進め、基礎を固めることが重要であり、基礎力こそが、難問を考える力を築くのです。

出願対策　志望書

医学部入試では、出願時に志望書の提出を求められます。これも合否に関わってきますから、しっかりと対策を立てたいものです。

受験経験がない人は、大学のホームページを見て、そこに掲げられた教育理念や学《がく》是《ぜ》、校是《こうぜ》をだらだらと書いてしまいがちですが、これではあまり評価されません。

大学側が志望書で求めているのは、その人なりの具体的な志望理由です。大学のホームページを参考にするなら、授業の内容や大学の取り組みを紹介したページなど、もっと細かい情報を読み込むことをおすすめします。すると、自分が興味を持てる授業や大学特有の取り組みがいくつか出てくるはずです。それらへの共感から志望書をまとめると、その人らしさが表われた具体的な文章になるでしょう。

次の文章は、看護学部に在籍しながら医学部を目指していた教え子の志望書を私が添削したものです。

「看護学部に通い病院実習をしていた際、偶然、発作を起こした患者に遭遇しました。しかし、患者を前に、私は手をこまねくしかありませんでした。その時に考えたことは、もし私が看護師であったとしても、治療をすることはできないということでした。医師法17条による制約ですが、無力感にさいなまれました。幅広い医業に携われるようになりたい。その気持ちが医学部志望の原動力となりました。なかでも、貴校を志望する理由は、貴校が医学を修めるうえで、『自主自律』を基本姿勢とし、少人数グループでひとりひとりが問題を発見し解決していく教育を実践されているからです。このカリキュラムに則《のっと》り、私は『至誠《しせい》と愛』を実践する医師を目指したいと考えております」

建学の精神や校是を志望理由に盛り込む場合も、このような使い方であれば好印象となりますし、そこに至る過程もこれくらいの具体性があれば、合格点がもらえるでしょう。ぜひ、参考にしてください。

出願対策　自己評価書

医学部によっては、志望書に加えて自己評価書の提出を求めるところもあります。自己評価書には「特に医学を志す者として、自分自身の能力、適性、心身の健康などについてどのように評価しているかを記載してください」などと書かれています。

しかし、多くの学生の文章は、この設問が問うていることに答えていません。どうも最近の受験生は、聞かれていることにストレートに答えていない人が多い気がします。文章のうまい・へた以前に、聞かれていることに答えることが大切です。

それでは、実際にビフォー・アフターを見ていただきましょう。まず、受験生が書いた自己評価書です。

「医学を志す者として必要な能力や適性は、高い志を常に持ち勉学に励《はげ》むこと、奉仕の精神、優れたコミュニケーション力であると考える。そのうえで、私はすべての分野において、基礎から学ぶ姿勢と、それを発展につなげる応用力を養《やしな》う努力は、浪人生活で得られたと思う。また、高校、浪人を通じてのボランティア活動により、他者に貢献する大変さや充実感を実際に肌で感じ、活動を通して同世代だけでなく高齢者や働いている方々と話すことで社会性を養えたと考えている。高校時代に文化祭の実行委員を務めたことで、リーダーシップや多くの意見を尊重することの大変さや大切さを身に沁《し》みて感じた」

まず「自分自身の能力」について。私は、医師には次の八つの能力が必要と考えています。①患者の要望に正しく応《こた》える（聞く能力）、②正当な注意力、判断力（科学的判断と正しい行為から逸脱《いつだつ》しない能力）、③正当な開拓精神（不確実性に立ち向かう能力）、④研鑽《けんさん》能力、⑤利益衡量《こうりょう》能力（複数の価値が対立している場合にそれぞれの利益を調整し、より良い結論を導く能力）、⑥情報収集力（新しい知見や情報を収集する能力）、⑦空間把握能力（腹腔鏡手術などで要求される能力）、⑧推理能力（患者が訴える症状から病巣を推理する能力）。

次に「適性」について。私は、医師には①注意深さ（能力の②と重複）、②協調性、③体力、④継続性、⑤指導力（リーダーシップ）の五つの適性が必要と考えています。

この医師の能力、適性を明らかにしたうえで、自分は合致しているのかという視点で自己評価書を書いていくわけです。

では、私の修正例をご覧ください。

「まず、医師に必要な能力、適性について。私は前者として研鑽能力、利益衡量能力、情報収集能力、後者として協調性、継続性、体力の六つが挙げられると考えます。これらとの関係で言えば、あくまで自己評価ですが、日々新たな情報を求め自己改革していく力、複数の価値が対立している場合にそれぞれの利益を調整し、より良い結論を導く力は、私には具備されていると評価します。また、適性についても、高校、浪人と継続して携わったボランティア活動により、協調性、継続性が培《つちか》われていると考えます。体力健康面も週2回の水泳を通じ、心身ともに均衡を保持していると考えます」

いかがでしょうか？　設問にきちんと答えていることがわかると思います。ただ注意したいのは、自己評価は高くあるべきですが、行きすぎは禁物ということです。謙《けん》遜《そん》の気持ちも込めるようにしましょう。

二次試験対策 面接

ここからは、二次試験の対策について見ていきます。まずは、一次試験の成績が良くても不合格になる可能性があり、受験生によっては苦手意識が強い面接試験について。

実際の面接試験では、何が問われているのでしょう。Eさん、Fさんの体験から、考察を加えます。

Eさんが面食《めんく》らったのは、昭和大医学部の面接です。「君は、国語が得意科目なんだね。じゃあ、ここで今の気持ちを一句詠《よ》んでみて」と言われたそうです。とまどいのあまり、1秒くらい〝固まった〟そうですが、数秒で「面接で　いい点取って　合格だ」と答えたそうです。句の出来不出来《できふでき》はさておき、なかなかの機転です。季語《きご》を入れ忘れてしまったと後悔していましたが、「よく詠めたね」と感心されたそうです。

また、Eさんが野球をしていたことから、「キャプテンの素質とエースの素質には違いがあると思うが、エースとしての経験はチーム医療にどう活《い》きると思うか？」と聞かれました。

それについては、「エースは背中で見せ、キャプテンはチームをまとめる。エースはキャプテンのように皆の話を聞いてまとめていくと同時に、自分の技術と力で皆を引っ張っていく。エースのように日々、自分の技術を研鑽する姿勢が医師には必要だと思う」と述べました。これなら、野球部のエースとしてチームを引っ張った経験はおおいに役立つと感じてもらうことができたのではないでしょうか。

唯一の集団面接だった慈恵医大では、「20年後はどんな新しい仕事があると思うか?」と「雰囲気のいい病院の待合室とは?」の2題が問われました。しかし、誰も目新しいことを言えず、面接官には「凡庸《ぼんよう》だね」という反応をされたそうです。

・面接官の意図と聞かれる内容

順天堂大医学部で求められたのは、「自分が誇れる物」の提出です。Eさんは小中学校の通知表、野球部の活躍が掲載された新聞や学校の広報誌、Eさんのことを良く書いてくれた友人の卒業文集、さらに中国語検定の認定証書などを持参しました。

ところが、面接官からは「たくさん持ってきたね、こんなに見られないよ」と苦笑《にがわら》いされたそうです。そして、志望理由を聞かれたあとに、昭和大医学部の面接内容について聞かれました。Eさんが俳句の話をしたところ、爆笑されました。

Fさんが受験した愛知医科大では、2枚の写真を見てどう思うかを問う心理検査のような試験が実施されました。

1枚は、中学生くらいの子どもが頭を掻《か》きむしり、手をグーの形にして鉛筆を握りしめ、歯軋《はぎし》りをしている写真。もう1枚は、その子どもの父親が嫌な顔をして手を前に突き出し何かを拒絶している写真でした。問いは「これを見て、学生時代について、また家庭がどういう状況にあるかを語ってください」というものでした。

「自分自身の」とは言われなかったので、Fさんは一般的なことを客観的に答えました。「思春期は多感《たかん》な時期であり、この子どものように、勉強、恋愛、部活の上下関係、などの葛藤《かっとう》がある。父親に関しては、思春期の子どもは手に負えないことがあって、父親がこんな表情になることもあるのではないかと思います」。

質問内容の学生時代について、私は、大学側は自分自身のことを語ってもらいたかったのでは、と考えましたが、Fさんはあとの質問である「家庭の状況について」という部分で、うまくフォローアップできたようです。Fさんの弟は一時期、引きこもりで大変だった時期があり、この子どもの家庭も同様ではないかと補足したのです。つまり、プレッシャーのかかる状況がこの家庭にはあるのではないか、ということを話したわけです。

他に聞かれたのは、「長い浪人生活で友人に誘われた時はどうしていたか?」。同級生は大学生になって遊んでいる時期なので、Fさんも流されて遊ぶこともあったのでは、とかなり突っ込んで聞かれたようです。

この質問については「この1年は遊びの誘いはすべて断わっていた」と答えたそうです。面接は、くだけた雰囲気で質問されていましたが、へたな受け答えをしていたら減点されていたかもしれないと、あとで思ったそうです。

さまざまな質問をされたようですが、Fさんの印象に残っている質問に、「医学生と普通の大学生の違いについて思うことは?」がありました。これには、「医学生は専門性が高く解剖する特権もあるので、普通の学生とは違う責任感がともないます」と答えました。

一風《いっぷう》変わっていたのは、北里大医学部の集団面接です。各人《かくじん》が医師の志望理由と大学の志望理由を述べ、各々いくつか質問がなされたあと、最後におたがいの長所をそれぞれ言ってください、と言われ、受験生をドキリとさせたそうです。

・大学によって異なる質問傾向

もちろん、奇《き》を衒《てら》うものばかりでなく、普通の質問もなされます。

日大医学部で聞かれたのは、自分の長所と短所、そして短所を改善するためにやっていることです。Fさんは、明るくて明朗活発、友人も多くて交友関係も広いことを長所に挙げ、短所はひとつのことに固執《こしつ》する癖があること、そしてそれを改善するために、幅広くさまざまな意見に耳を傾《かたむ》けて、自分の思考が偏らないように心がけていると答えました。

「医者と患者の関係についてどう思うか?」という質問に対しては、考えていたテーマだったので、「お医者様」「患者様」と様《さま》づけをするのはおかしい、という持論を展開しました。「デパートのお客様とは違う感覚なの?」と突っ込まれましたが、そこは「まだ医師ではないので、現時点ではよくわかりません。今後の課題としたいと思います」とかわしました。

付言すると、医療の場合はデパートのように、物を直接購入してもらいサービスを提供するのとは少々異なる、と答えればよかったのではないかと思います。医師は患者と協調しながら一緒に治療の方向性を形成していきます。その点の違いを述べれば、面接官も納得したのではないでしょうか。

広島大医学部では、4分間の自己PRのあと、高校時代の委員会について聞かれました。Fさんが自己PRで12年間バイオリンを続けていることを告げると、面接官も30年間バイオリンをやっている、と音楽の話で盛り上がったそうです。それ以外には、住んでいる川崎市の名物（食べもの）を聞かれるなど、世間話のような展開になりました。

地方大学の二次試験では、首都圏の大学とは違った箇所に興味を持たれたり、ありきたりなことを聞かれることも多いようです。自分自身が住む土地や環境について認識しておくと、対策になるかもしれません。

二次試験対策 小論文

昭和大医学部の小論文は、アメリカのオレゴン州在住の29歳（当時）の女性が末期の脳腫瘍《のうしゆよう》という診断を受けてから尊厳死を選択したことを具体例に出し、「尊厳死と安楽死について、あなたの考えを述べなさい」というものでした。

順天堂大医学部の一月の試験では、下を向きながら階段を昇る男性のうしろ姿と赤い風船が二つ写っているイギリス・ロンドンのキングス・クロス駅の写真から、「あなたの感じるところを８００字以内で述べなさい」という出題がなされました。

Eさんは、目先の情報にとらわれて、心を豊かにする大切な何かを人間は忘れてしまっている、ということを書いたそうです。

同大の二月の試験（センター試験利用入試）では、森林と海が広がる写真に「The sea belongs to whoever sits by the shore」という英詩が添えられ、「詩の内容を踏まえて、あなたが海辺に腰かけて思うことを６００字以内で述べなさい」という問題が出題されました。

Eさんは、写真の情景描写をしたあとに「気持ちが落ち込んだ時に、僕はその場所に座るだろう。はるかむこうを見渡すと、わずかに海面が光っているのが見える。わずかに丸みを帯《お》びて、地球が丸いことがわかる。満潮《まんちょう》になって家に帰る時には、僕の心も晴れ晴れとしているだろう」という内容を書きました。

一月の試験ほどには読み取れなかったものの、詩的で肯定的な内容でまとめたそうです。

英詩を直訳すると「浜辺に座る者が誰であれ、海は所属する」で、「belongs to（所属する）」を「寄り添う」と意訳すると、「海は誰にでも寄り添ってくれる」ということを表わしています。これは、しばしば医療界で話題となっているEBM（Evidence Based Medicine／科学的根拠にもとづく医療）とNBM（Narrative Based Medicine／物語にもとづく医療）のうち、NBMを意識した出題であり、出題者は海のように人間に寄り添う医療について書いてほしかったのではないかと思います。

海は、悲しい時やつらい時に人間の心を癒《いや》す作用を持っています。それは、生物が進化の過程において海から陸へと上がってきたこと、海にDNAの起源を求められることと関係しています。そういう観点から、われわれ医療人は海と同じ姿勢で医療に携わるべきではないか、と気づければ合格点です。

最近は、科学的な根拠を重視した医療よりも、人に寄り添う医療、物語にもとづく医療が注目されつつあり、このような出題がなされたのでしょう。

杏林大医学部では、「嘘《うそ》も方便《ほうべん》」について800字程度で述べる問題が出題されました。北里大医学部では、桐野高明《きりのたかあき》著『医療の選択』を課題文として読み、日本が目指すべき医療制度について、受験生の考えが問われました。日大医学部では、河合隼雄《かわいはやお》著『こころの処方箋《しょほうせん》』を課題文として読み、受験生が考える「自立」について述べるという形式でした。

愛知医科大では、「顔」というテーマで600字以内で述べる問題が出題され、適当なことが思い浮かばなかったFさんは、ウケを狙おうと自由に記述することにしました。

「顔は人間の第一印象として大事なものであり、認知して人の違いを見分けることができる大事なパーツだが、たとえば人類全員が同じ顔だったり、顔がなかったらどんなことが起きるだろうか？　もし、すべての人間の顔が同じだとしたら、外見的な髪型や体型で区別はできるものの、犯罪が特定できず治安が悪化する可能性がある。もし顔がなかったら、視覚《しかく》、聴覚《ちょうかく》、嗅覚《きゅうかく》、味覚《みかく》を失うことになり、美しいものを見たり、素敵な音楽を聞いたり、きれいな空気を味わうことができなくなり、人生を楽しむこともなくなる。そういう意味で顔は大切なのだ」

Fさんは「ウケ狙い」と言いましたが、ユニークで大変おもしろいですし、認知過程や五感の記述などは医師志望を感じさせます。こういった発想が本番で出てくるのは、多くの人とさまざまな場所で見聞きし学んだことが経験として蓄積され、感性が磨《みが》かれたからでしょう。

二〇二〇年の新入試制度はこうなる！

すでに報道されているように、現在（二〇一五年十二月）の中学1年生が大学を受験する二〇二〇年から、入試制度が大きく変わります。これは、一九九〇年に共通一次試験からセンター試験に変わった時よりも、大きな変革になることが予想されます。

その大きな柱は、現行のセンター試験に代わって導入される、「大学入学希望者学力評価テスト（仮称）」です。教科別の試験だけでなく複数教科にまたがる出題や、現行のマークシート方式から記述式の問題の導入も検討されています。この新しいテストは、現行の知識偏重から、思考力や判断力を重視した評価に変えようという狙いがあります。

この入試制度改革の影響により、医学部入試はどう変容するのか？

具体的な動きは何も見えていませんが、新入試制度が論述力や論理力を重視する方向に進むのであれば、現在、二次試験が重視されつつある医学部入試においても、今以上に小論文や面接、適性検査が重視される方向に動いていくことが考えられます。集団討論による選考も多くの医学部で導入されることでしょう。

いずれにせよ、幅広い教養と思考力が必要となることはまちがいないでしょう。そのためには今以上に、早い段階から読解力、論述力を鍛え、医学部を目指してスタートを切ることが必要です。

第3章で述べたように、現時点でも中高一貫校が医学部に多くの合格者を輩出していますが、この傾向はより顕著になるかもしれません。小学校から高校までの一貫校が有利になるという予測をしている塾もあるほどです。

第5章

これからどう変わる？ 今後の医師と医療界

医師余りか、医師不足か？

医師不足が折《おり》に触れて報道されるいっぽう、医学部志望者は増えており、医学部の定員数も増加しています。はたして現在、本当に医師が不足している状態なのでしょうか？　改めて現状を把握し、分析してみたいと思います。

厚生労働省が2年に1回調査している「医師・歯科医師・薬剤師調査」によれば、全国の医師・歯科医師・薬剤師は68万5871人で、そのうち医師は30万3268人です（二〇一二年十二月三十一日時点の届出数、図表7・上）。前回二〇一〇年の調査と比べると、8219人（2・8％）の増加です。

男女別では男性23万2161人、女性5万6689人と、男性が80％以上を占めています（二〇一二年十二月三十一日時点の医療施設に従事する医師数、図表7・下）。年齢別に見ても、すべての年代で男性が過半数を超えていますが、年代が低くなるほど、女性の割合が高くなっており、29歳以下では35・5％に達しています。

これは、医師の全体的な増加傾向のなかで、女性医師の参入が顕著であることを示しています。

図表7 日本の医師数

年次推移

	医師数(人)	増減率(%)	人口10万人あたりの医師数(人)
1982年	167,952	―	141.5
1984年	181,101	7.8	150.6
1986年	191,346	5.7	157.3
1988年	201,658	5.4	164.2
1990年	211,797	5.0	171.3
1992年	219,704	3.7	176.5
1994年	230,519	4.9	184.4
1996年	240,908	4.5	191.4
1998年	248,611	3.2	196.6
2000年	255,792	2.9	201.5
2002年	262,687	2.7	206.1
2004年	270,371	2.9	211.7
2006年	277,927	2.8	217.5
2008年	286,699	3.2	224.5
2010年	295,049	2.9	230.4
2012年	303,268	2.8	237.8

※各年12月31日時点の届出数

性別、年齢別

		29歳以下	30～39歳	40～49歳	50～59歳	60～69歳	70歳以上
総人数	288,850	26,226	65,003	67,969	65,380	37,880	26,392
男性 [割合・%]	232,161 [80.4]	16,924 [64.5]	45,625 [70.2]	54,378 [80.0]	57,088 [87.3]	34,246 [90.4]	23,900 [90.6]
女性 [割合・%]	56,689 [19.6]	9,302 [35.5]	19,378 [29.8]	13,591 [20.0]	8,292 [12.7]	3,634 [9.6]	2,492 [9.4]

※2012年12月31日時点の医療施設(病院・診療所)に従事する医師数

(厚生労働省「医師・歯科医師・薬剤師調査」より)

しかし、人口1000人あたりの医師数で比較すると、OECD（経済協力開発機構）加盟国のなかで、日本は下から数えたほうが早い状態です（図表8）。つまり、日本では医師数は増えているものの、先進諸国に比べ、まだまだ医師数は少ないということになります。

数字のマジック

ただ、この調査結果について、私は注意すべき点があると考えています。それは、数字のマジックが潜《ひそ》んでいることです。

図表7・上（201ページ）を見れば、医師数は増加を続けています。しかし、このなかには高齢で現役を退《しりぞ》いた医師、社会医学者、法医学者など、直接現場で医療行為を担当しない医師や厚生労働省の医系技官などが含まれています。

また、医師は一度医師免許を取得すると、死亡、失踪《しっそう》、行政処分による免許取り消し手続きがなされない限り、現役の医師としてカウントされるので、家庭に入り医療行為をしていない女性医師も含まれています。

したがって、現在も続く、医学部入学定員の増員計画があったことを考えれば、医師数が右肩上がりの増加になるのは当然なのです。まずは、この点に注意が払われねばなりません。

また、医師の地域偏重という問題もあります。医師数はデータ上増えていても、必

図表8 人口1000人あたりの医師数

国名	医師数（人）
オーストリア	4.9
ノルウェー	4.2
ドイツ	4.0
イタリア	3.9
スイス	
スペイン	3.8
チェコ	3.7
アイスランド	3.6
イスラエル	3.3
エストニア	
オーストラリア	
ハンガリー	3.1
フランス	
ベルギー	2.9
イギリス	2.8
ルクセンブルグ	
アイルランド	2.7
ニュージランド	
アメリカ	2.5
カナダ	
スロベニア	
日本	2.3
ポーランド	2.2
メキシコ	
韓国	2.1

※OECD加盟国、2012（一部2009、2011、2013）年

（OECD「Health Data」より）

ずしも国内すべての地域で、平均的に増加しているわけではなく、都道府県別にばらつきがあります。

厚生労働省「医師・歯科医師・薬剤師調査」によれば、日本の医療従事者は全国平均で人口10万人に対して226・5人（二〇一二年）。二〇一〇年時点の219・0人と比べると、7・5人増加しています。

これを都道府県別に見ると、京都府が296・7人ともっとも高く、続いて徳島県296・3人、東京都295・7人となります。逆にワースト3は、埼玉県148・2人、茨城県167・0人、千葉県172・7人です。このばらつきは地域医療の充足に影響すると推測されます。

さらに診療科ごとに見ると、小児科は、東京都が150・1人ともっとも多く、茨城県の71・9人がもっとも少ない。産婦人科・産科は、徳島県の58・6人がもっとも多く、埼玉県の27・2人がもっとも少ない。外科は、長崎県の33・0人がもっとも多く、埼玉県の13・7人がもっとも少ない状況です。概《がい》して、埼玉県は医師不足と言えそうです。

厚生労働省の調査によれば、病院における小児科と産婦人科が10年以上連続で減っていますが、これは少子化の影響と見られています。また、産婦人科は訴訟リスクの高さや夜間に仕事が集中するなど、勤務状況の厳しさが一因となっているのではないか、と囁《ささや》かれています。

「新医師臨床研修制度」の功罪

では、なぜ都道府県別、あるいは診療科別に見た時に著《いちじる》しい「差」が生じているのでしょうか？

その鍵《かぎ》を握るのが、二〇〇四年度から始まった「新医師臨床研修制度」です。新医師臨床研修制度とは、新医師が出身大学の医局の枠にとらわれずに、自由に研修病院を選択できるという制度です。これが引《ひ》き金《がね》となり、医局の崩壊や人員不足を招いたことが指摘されています。すなわち、各大学医局の関連病院、特に僻地《へきち》に医師を送ることができなくなり、医師不足を深刻にしたという批判です。

ただ、酷評されるこの制度も、私は良い面もあると考えています。それは、この制度が、全人的医療《ぜんじんてき》（特定の部位や疾患《しっかん》に限定せず、社会面・経済面・心理面を考慮しながら、個々人に合った医療を行なうこと）につながるからです。

現在問題になっている「ドクターショッピング（複数の医療機関を同時、または次々と受診すること）」が横行《おうこう》する原因のひとつに、医師が自分の専門外の病巣に鈍感《どんかん》であることが関係しているのではないか、と言われています。

高齢者の疾患は複雑化しており、想定箇所ではない部位に病変《びょうへん》を抱える場合があります。その時、全人的医療を学んでいないと、対応に苦慮することになります。その反動として、患者が病院を回ることになっているのです。

そういう意味では、あらゆる診療科を経験することで「プライマリ・ケア（初期診療）」に対応可能な医師を養成できる、新医師臨床研修制度は有効なのです。もちろん、構造的に医師不足を招いている実情も忘れてはいけません。

医師数はこうなる

医師不足について考える時、重要な視点は、どこに照準を合わせて医師の不足・充足を考えるべきか、ということです。

国立社会保障・人口問題研究所によれば、日本は二〇六〇年までに、人口は4132万人減少すると予測されています。二〇一〇年の国勢調査では、人口は1億2806万人ですから、これをベースにした指数を目標とすべきなのか、人口減少して8000万人になることを見越したうえでの指数を目標とすべきなのか、これは重要な問題です。

読売新聞二〇一五年七月一日付《づ》け朝刊では、先に示した図表8（203ページ）に関して、「OECDの平均を上回るという推計が厚生労働省から提出されている」とあります。

これによると、医学部の卒業生数や今後の人口推計を元に、将来の日本の10万人あたりの医師数は、二〇一二年の227人から二〇二〇年に264人に増え、二〇二五年にはOECD平均280人を上回り、292人を達成するようです。その後も二〇三〇年に319人、二〇四〇年に379人と増加が続くと推測しています。

つまり、医学部の定員増がプラスに動き、人口減少がマイナスに作用した結果、医師不足がじわりと解消されるという予測です。長年、先進国のなかで低水準が続いてきた状況から抜け出す見通しになったわけです。

このように、状況をさまざまに概観しましたが、方向性としては、現在起こっている医師不足は人口対比で充足されていくことが見て取れたと思います。

女性医師は本当に長続きしないか?

第2章でも触れましたが、医師不足の一因になっているとされる、女性医師の勤務形態と行動パターンについて見てみたいと思います。

女性医師が辞めるタイミングで多いのは、結婚と出産です。学生結婚をして卒業、医師国家試験に合格したのに、臨床には出ない、というもったいないケースもあるそうです。

また、勤務医には転勤も多く、家族がいると辞めざるを得なくなる場合がありま す。医師は、患者の調子が悪くなれば朝も昼もなくいつでも呼び出されますし、その覚悟がなければ、常勤で働き続けることが難しい仕事です。ですから、出産後に復帰しても、健康診断や外来を週に1回持つくらいのパートタイム的な働き方を選ぶ女性医師も少なくありません。

第2章に登場した内科医（循環器科）Jさんの職場では、産休を取ってから復帰している女性医師が2人いますが、いずれもパート医師です。Jさんは常勤で勤務していますが、それは「専門が糖尿病だから」だそうです。

心筋梗塞《しんきんこうそく》、脳梗塞は突然起きるために、医師が呼び出される確率が高いですが、糖尿病は病気じたいが急変することは少ないのです。

医学部に入ると、病院でほぼすべての診療科を少人数グループで一通り回る「ポリクリニック」という臨床実習があります。Jさんが医学生時代に「ポリクリニック」が実施された時、グループには、もう1人の女性がいました。

1人の医師が2人に歩み寄り、「血税《けつぜい》を使って医者になるのだから、簡単に辞めるなよ」と言ったそうです。実際に20〜30代で辞める女性医師が多いことから、女性医師はすぐ辞めるという認識を持つ医師も少なくありません。しかし、同じ発言を男子学生には言わないことに、性的な差別を少なからず感じたと言います。

第2章に登場した産婦人科医Kさんは、医学生の時ポーランドに旅行し、夫が日本人で大学教授、妻がポーランド人で医師という夫婦に出会いました。そして、当時のソ連を含む東欧諸国では、医師は学校の教師と同じくらいの給料で、女性にふさわしい職業として考えられていることを知ったそうです。ちなみに、勉強ができる男性は科学者になるのがステイタスだったそうです。

「女性医師がこれだけ増えてくると、子育てや家庭との両立もあり、それほど体を張ってまで働きたくない、時間が来たら帰りたいという人が増えてくるのではないでしょうか。日本にも、東欧諸国のような時代が来るかもしれません」（Kさん）。

現在、医療現場では常勤医師とパート医師の労働格差が問題になっています。今は現場での〝やりくり〟で何とかなっているかもしれませんが、今後はきちんとした制度設計が必要になるかもしれません。

地域医療の実情

医師不足は解消の流れにあるものの、地域や診療科によっては医師不足が続く可能性もあることを忘れてはいけません。このままでは、医療が充足される地域とそうでない地域との格差がますます拡大するでしょう。

いくつかの地方自治体では、さまざまな取り組みが行なわれています。たとえば、石川県では、県内高校から医学部進学者の増加を図るため、医学部進学セミナーを開催しています。県内の医科大教授や医学生が高校に出向き、講演や特別講義をして、医療や医師、医学部への興味を促《うなが》しているのです。これは、非常に良い取り組みだと思います。

各県で就学資金対応制度を創設することも、医師確保に有効な施策ではないでしょうか。具体的には、特別枠を設けて入学者を募《つの》り、その学生に奨学金を貸し付けます。一般的に、奨学金は卒業後10年くらいで返済されますが、県が指定する医療機関で勤務すれば返還が免除されるというものです。

重要なのは、地域や僻地の医療に携わる医師や医療従事者の生活環境を整《ととの》えることです。また、20代の女性医師が増加傾向にあるなか、女性医師が十分に仕事ができるような環境にすることも必要でしょう。

実際に、女性医師の支援コーディネーターを配置して、女性医師に対する助言や研修の調整を行なったり、女性医師支援セミナーを開催している県もあります。また、院内保育施設、病児・病後児の保育に取り組む病院を増やす必要もあります。

実際に医師に話を聞いてみると、医師が地域医療を躊躇《ちゅうちょ》するのは、キャリア形成への影響が原因として挙げられるようです。地域医療や僻地医療に関心がある医師は一定数存在するのですが、そうすることで高度な先進医療現場で積んできたキャリアがストップすることを危惧《きぐ》しているわけです。

ならば、県や市が地域医療を担う医師のキャリア形成を支援することも考えなければなりません。具体的には、地域医療に従事しながら、高度専門医療の修練を目的とした国内外の先進的医療機関での派遣研修や、指導医資格の取得等を目的とした国内外のセミナー・研修などへの参加を支援するなどが考えられます。

いずれにせよ、地域医療を担う貴重な人材を支援し、地域ぐるみで養成する体制がますます必要となることはまちがいないでしょう。

今後の医師像

今後、医師の仕事はどのように変わっていくのか？　そして、それを当事者である医師本人はどう考えているのか？　現在医学部に在籍する医学生から医療現場に身を置く現役医師にまで聞いてみました。

まず、医学部に通うFさんに、「高齢化社会が進むと、医療はどう変わると思うか？」をぶつけてみました。彼が医師として働く頃は、いっそうの高齢化が進むと考えられるからです。

彼は、高齢者が多くなるにつれて在宅ケアの需要が高まり、病院が減るのではないか、具体的には地域ネットワークが構築され、自宅待機している医師が、病院に来られない患者の家に派遣されるような形態になるのではないか、と予想しました。

また、医療や薬に関する知識・情報がインターネットなどで簡単に入手できる現状が加速し、自分に合う薬を自分で選んで手に入れることができるようになり、その点では医師の必要性が低下するのではないかと、あまり明るくない未来も予想しています。

かつて弁護士が持てはやされた時代がありました。弁護士はエリートとして高収入で意気揚々《いきようよう》としていましたが、法科大学院ができ、それに付随した制度づくりが失敗して、現在は弁護士資格を取得しても就職先が見つからないこともあるようです。医療界にはこのような激変はおそらくないでしょうが、さまざまな変化は起こるでしょう。

しかし、人材が不足している地域では、医師の活躍の場は存続するでしょう。また、医学が技術的に進歩して機械が手術をするなど、これまで医師の負担になってきた部分が軽減されていくことも考えられます。

内科医のJさんは、「これからは訴訟が増え、より大変な仕事になるのではないか」と言います。

Fさんが述べたように、患者は自分の病気や薬について、事前にインターネットなどで情報を集めてから来院するようになりました。患者と医師が同じ目線になり、以前のように医師の言うことがすんなりとは受け入れられない時代になりつつあるそうです。

もちろん、これは医療の本来あるべき姿ですが、医師は自分が処置したことに対して「訴訟になるかもしれない」と頭に入れて、患者と対峙《たいじ》することになりそうです。医師が事前にリスクを伝え、患者が同意書にサインをしても、成功しなかった場合、患者から「説明が足りなかったのでは」「技術的に問題があったのでは」という反応が返ってきます。なぜなら、医師が「１万人に１人の確率で成功しないことがある」と確率を伝えても、ほとんどの患者は自分が１万分の１に該当《がいとう》するとは思わないからです。

医師になる人たちが育ってきた環境も、大きく変化しています。昔は自宅で自然に、家族や近隣の人の死を看取《みと》る機会がありました。子どもはそれを見て、死の恐怖や死後はどうなるかと思いを巡《めぐ》らせて、夜を過ごしたものです。

しかし、今は死期を迎えた高齢者は施設や病院におり、知らない間に祖父母が亡くなり、安らかな顔になって戻ってくることが多いのです。

これは、人の死を身近ではなく、どこか遠くで感じて成長してきた子どもたちが、医師になるということです。医師になれば人の生き死《いし》にを見ることになりますが、それはあくまでも他人の死であり、身近な人の死を見ていない若い医師が、どういう心持ちで医療を施《ほどこ》し、どれほどの意志で仕事を続けることができるかは未知数です。

Jさんは中学受験の際の健康診断で不整脈が見つかり、当時日本に3台しかないホルター心電図で検査を受けました。その時、エコーの画像で自分の心臓が拍動《はくどう》しているのを見て、「すごい、生きている!」と思ったそうです。この時の印象が鮮明に残り、人体に興味が湧《わ》き、医師を志したと言います。

当時は不整脈の理由がわからなかったため、Jさんは毎週のように通院していました。母親は、入院しても長くは生きられないだろうから自由に中学生活を送らせよう、という判断だったそうです。娘の死を身近に感じながら、必死にさまざまな手段を講《こう》じていた母親は、Jさんに「私たちと同じように苦しんでいる人を救うような人になりなさい」と語ったそうです。

医師のなかには、自分が病気になって病院で助けられたり、医師が働いている姿を見たりして、医療に目覚《めざ》めた経験を持つ人が多くいます。このようなことを直接経験しないと、責任感を持って医療を支える人材にはなりにくいのかもしれません。

産婦人科医の警告

産婦人科医のKさんは興味深い指摘をしています。正常な出産が減り、異常な出産が増えるのではないか、と言うのです。

少子化が続くなか、出産じたいが減っています。そして、出産年齢の上昇にともない、異常な出産が増えているそうです。たとえば、40歳過ぎの不妊治療で妊娠した場合、本来であればできるはずがない部位に赤ちゃんができたり、さまざまな合併症が出て難産になったり、子宮摘出《てきしゅつ》をしなくてはならない場合もあるそうです。

また、虐待《ぎゃくたい》など社会的に問題がある人の出産も増えているようです。夫からDV（Domestic Violence／家庭内における暴力行為）を受けてお腹《なか》を殴《なぐ》られた妊婦や、行政との関わりをまったく断《た》った妊婦が来院したりするそうです。

Kさんの勤務する病院には、そうしたさまざまな妊婦も受け入れる義務があり、日本社会の問題が凝縮《ぎょうしゅく》しているのかもしれません。

このように、産婦人科の負担が肥大化するいっぽう、近年活況を呈《てい》しているのが不妊治療専門クリニックです。

不妊治療専門クリニックは患者の希望に添って妊娠までは診《み》ますが、分娩《ぶんべん》や産後には関わらないため、産婦人科と比較すると相対的に楽な仕事に映るかもしれません。同じように学び研修しても、そうした楽な世界を一度知ると、手術や当直のあるハードな産婦人科病院に、医師は戻ってこないそうです。

「ひとりひとりの妊婦と向き合い、このケースで本当に妊娠させていいのか、出産しても問題はないのか、そういった後先《あとさき》のことも考えるのが医師としての責任ではないでしょうか」と、Kさんは複雑な思いを語ってくれました。

高齢化社会における医療

先日、高齢者（65歳以上）の単独世帯および夫婦世帯が今後どう推移するか（二〇一〇年と二〇三五年を比較）をまとめた統計資料を目にする機会がありました。

それによれば、高齢者の単独世帯数は25年間に全国で53・1％増加すると推計されています。もっとも多い東京都では、二〇一〇年の64万7０００世帯から二〇三五年には１０４万３０００世帯と、１００万世帯を超えます。増加率としては沖縄県92・

3％、埼玉県82・7％、神奈川県81・4％、滋賀県78・0％、宮城県74・7％、千葉県74・4％と、東日本の大都市地域に上昇傾向が目立つようです。

これらからは、高齢化社会がいっそう進み、単独で生活する高齢者が今後増加する傾向が見て取れます。

ある専門家は「二〇二五年にはまちがいなく現在の医療システムは崩壊する」と主張しています。約８００万人の「団塊《だんかい》の世代」がいっせいに後期高齢者（75歳以上）となる二〇二五年に、病院や介護施設がパンクする可能性があるからです。私自身も、高齢化社会が進み、認知症が原因で生じる事故が増えていくのではないかと予想しています。

また、ＥＢＭ（194ページ）で処理できる病気だけでなく、ＮＢＭ（194ページ）など、これまでとは異なる対処が必要となる病気が増えると思われます。なぜなら、高齢者医療が医療の中心を占めるようになると、「ｃｕｒｅ（キュア／治療、治癒）」よりも「ｃａｒｅ（ケア／介護、看護）」が重視されてくるからです。

さらに、高齢化社会が進めば、「国民皆保険《かいほけん》」と称される日本の医療制度が、現状を維持できるかは疑問です。

現在、40兆円の医療費（厚生労働省二〇一五年十月発表）のうち、約60％を全人口の4分の1を占める高齢者が、そのうちの約35％を後期高齢者が費消しています。このままでは医療費の膨大な増加が、さらに財政を圧迫することになるでしょう。

認知症と終末期医療

高齢者の増加は、特効薬でも発明されない限り、認知症患者の増加をも意味します。では、どのような対策を取るべきでしょうか？

医療現場で取り組むべきは予防であり、認知機能の向上でしょう。いっぽう、地域社会にもできることがあります。患者の家族だけに重い負担を負わせるのではなく、地域社会全体として向き合うのです。

一例として、東京都江戸川区や神奈川県川崎市にある「幼老施設」で実践されている、幼児と高齢者の交流を活発化させることなどが具体的施策《しさく》として挙げられます。高齢者が幼児をあやすだけではなく、幼児が高齢者を介護している、相互に作用している図式です。

また、今後は終末期医療のあり方も問われてくるでしょう。私自身、義父の終末期を目《ま》の当《あ》たりにしましたし、経験者である知人からも壮絶な話を聞くなど、その難しさを肌で感じています。

検討しなければならないことは、回復不能な患者の治療の中止はいつ決断されるべきかです。さらに具体的に言えば、回復不能だが痛みをともなわず、しかも死期が迫っているわけではない状態の患者をどうするかです。

これは、いわゆる「積極的安楽死」ではなく「消極的安楽死」、換言すれば「尊厳死」が問題となるケースです。残念ながら、現在の日本では、このケースは解決の糸口が見つかっていません。

このような治療行為の中止が問題になるケースについて、一九九五年、横浜地方裁判所は「患者が治療不可能な病気に冒され、回復の見込みがなく死が避けられない末期状態にあること」を要件として示しました（傍点は筆者）。

他の要件もありますが、私はこの要件がもっとも重要だと考えています。つまり、死期が迫っていない、回復不能な患者は、永遠に治療中止が不可能ということになり、この要件が医師に突きつけられている以上、医師は見守ることしかできないからです。

もちろん、それでいいではないか、という考えもあるでしょう。しかし、大脳機能を喪失し回復不能で、1年以上栄養点滴や人工呼吸器をつけられて延命している患者本人に「延命措置を続行しますか?」と問いかけ、もし、この質問に応答できるとしたら何と答えるでしょうか? その答えを想像し、さらに無尽蔵ではない医療資源などを考え合わせると、大変悩ましい状況です。

日本尊厳死協会による運動や議員立法による尊厳死法制定の動きもありますが、本書を読んだみなさんが医師になった際、今後の医療をどのように形成していくか、この問題についても、ぜひ取り組んでいただきたいと強く思います。

今こそ、医師を目指そう!

これからの医師には、次の視点——日本には今以上に多くの外国人が暮らすようになる――も求められるでしょう。わからない言葉、異なる文化背景を持つ人々が患者になるケースが多くなるはずです。

某医科大の面接試験で、「カニバリズムについてどう思うか？」と問われたことがあります。カニバリズムとは、人間が人間を食べる習慣で、宗教儀礼として行なうこともあります。私が、この問題を授業で取り上げたところ、カニバリズムじたいを知らない受験生もいました。では、なぜそのような質問がなされたのか？

おそらく、文化相対主義を問いたかったのだろうと思います。異なる文化圏に住んでいる人たちがおたがいを理解し合うことはなかなか難しく、医療現場でもさまざまな問題が起こっています。

二〇一五年一月、静岡県磐田《いわた》市立総合病院で、医師が患者の父親（ブラジル人）に「くそ、死ね」と暴言を吐《は》いた件が問題になりました。

このケースを精査すると、医師と父親との間に2時間ものやりとりがあり、私は一方的に医師だけが悪いとは思っていません。過酷な労働環境もあったのかもしれません。ただ、それを割り引いても、言ってはいけないことを言ったのは事実です。

ここで重要なのは、相手の言葉がたどたどしく、また価値観が異なるような状況でどのように双互理解をしていくか、ということです。

他の国から来た人は、言葉だけでなく思想や考え方が異なり、些細《ささい》なやりとりが思いも寄らない反応を引き起こすことがあります。それらを踏まえて、患者との関係を形成していかなければなりません。患者の人権を尊重するという大前提の下《もと》、異文化に対する理解やコミュニケーション能力が求められるのです。

本書を脱稿中、医学部新設のニュースが飛び込んできました。政府が認可したのは国際医療福祉大医学部で、千葉県成田市に二〇一七年四月開設予定です。1学年の定員140人のうち20人を留学生にする、教員の5%を外国人にする、成田空港からの距離を活かして外国人患者を受け入れる「医療ツーリズム」の実施などが予定されているそうです。今後の医療現場のグローバル化を象徴するような計画です。

強い使命感はもちろん精神的にも肉体的にもタフであることが求められ、同時に達成感や充足感もある――それが医師という職業です。優秀で人間性も豊かな人材が1人でも多く医師を目指すことを願って、筆を擱《お》きます。

切りとり線

★読者のみなさまにお願い

この本をお読みになって、どんな感想をお持ちでしょうか。祥伝社のホームページから書評をお送りいただけたら、ありがたく存じます。今後の企画の参考にさせていただきます。また、次ページの原稿用紙を切り取り、左記まで郵送していただいても結構です。

お寄せいただいた書評は、ご了解のうえ新聞・雑誌などを通じて紹介させていただくこともあります。採用の場合は、特製図書カードを差しあげます。

なお、ご記入いただいたお名前、ご住所、ご連絡先等は、書評紹介の事前了解、謝礼のお届け以外の目的で利用することはありません。また、それらの情報を6カ月を越えて保管することもありません。

〒101－8701（お手紙は郵便番号だけで届きます）
祥伝社新書編集部
電話03（3265）2310
祥伝社ホームページ　http://www.shodensha.co.jp/bookreview/

★本書の購買動機（新聞名か雑誌名、あるいは○をつけてください）

＿＿＿＿新聞の広告を見て	＿＿＿＿誌の広告を見て	＿＿＿＿新聞の書評を見て	＿＿＿＿誌の書評を見て	書店で見かけて	知人のすすめで

★100字書評……わが子を医学部に入れる

名前

住所

年齢

職業

小林公夫　こばやし・きみお

桜美林大学北東アジア総合研究所客員研究員。1956年生まれ、東京都出身。一橋大学大学院法学研究科博士後期課程修了、同大学博士（法学）。専門は刑法、医事法、生命倫理。専門分野の研究のいっぽう、受験指導にも定評があり、医学部専門予備校インテグラ、医学部＆東大専門塾クエスト、家庭教師のトライなどで講師を務める。著書に『「勉強しろ」と言わずに子供を勉強させる法』、『医学部の面接』、『医学部の実戦小論文』など。『論理思考の鍛え方』は受験漫画『ドラゴン桜 9巻』でも紹介された。

わが子《こ》を医学部《いがくぶ》に入《い》れる

小林公夫《こばやしきみお》

2016年１月10日　初版第１刷発行

発行者……………竹内和芳
発行所……………祥伝社しょうでんしゃ
〒101-8701　東京都千代田区神田神保町3-3
電話　03(3265)2081(販売部)
電話　03(3265)2310(編集部)
電話　03(3265)3622(業務部)
ホームページ　http://www.shodensha.co.jp/

装丁者……………盛川和洋
印刷所……………萩原印刷
製本所……………ナショナル製本

Printed in Japan　ISBN978-4-396-11452-7　C0237

〈祥伝社新書〉
語学の学習法

312
一生モノの英語勉強法
「理系的」学習システムのすすめ
京大人気教授とカリスマ予備校教師が教える、必ず英語ができるようになる方法
京都大学教授 鎌田浩毅
研伸館講師 吉田明宏

405
一生モノの英語練習帳
短期間で英語力を上げるための実践的アプローチとは？　練習問題を通して解説
最大効率で成果が上がる
鎌田浩毅
吉田明宏

331
7カ国語をモノにした人の勉強法
言葉のしくみがわかれば、語学は上達する。語学学習のヒントが満載
慶應義塾大学講師 橋本陽介

426
使える語学力7カ国語をモノにした実践法
古い学習法を否定。語学の達人が実践した学習法を初公開！
橋本陽介

383
名演説で学ぶ英語
リンカーン、サッチャー、ジョブズ……格調高い英語を取り入れよう
青山学院大学准教授 米山明日香

〈祥伝社新書〉
大人が楽しむ理系の世界

419
1日1題! 大人の算数
あなたの知らない植木算、トイレットペーパーの理論など、楽しんで解く52問

埼玉大学名誉教授
岡部恒《つね》治《はる》

338
大人のための「恐竜学」
恐竜学の発展は日進月歩。最新情報をQ&A形式で

北海道大学准教授
小林快次 監修

サイエンスライター
土屋 健 著

080
知られざる日本の恐竜文化
日本人は、なぜ恐竜が好きなのか? 日本の特異な恐竜文化を言及する

サイエンスライター
金子隆一

318
文系も知って得する理系の法則
生物・地学・化学・物理——自然科学の法則は、こんなにも役に立つ!

元・慶應義塾高校教諭
佐《さ》久《く》 協《やすし》

430
科学は、どこまで進化しているか
「宇宙に終わりはあるか?」「火山爆発の予知は可能か?」など、6分野48項目

名古屋大学名誉教授
池内 了《さとる》